U0655415

国网浙江省电力有限公司
电力专业技术人员职称评审手册

技工院校教师系列

国网浙江省电力有限公司温州供电公司　编

中国电力出版社
CHINA ELECTRIC POWER PRESS

图书在版编目（CIP）数据

国网浙江省电力有限公司电力专业技术人员职称评审手册. 技工院校教师系列：2024年版 / 国网浙江省电力有限公司温州供电公司编. -- 北京：中国电力出版社，2024. 11. -- ISBN 978-7-5198-9073-5

Ⅰ. F426.61

中国国家版本馆 CIP 数据核字第 2024GK7217 号

出版发行：中国电力出版社

地　　址：北京市东城区北京站西街 19 号（邮政编码 100005）

网　　址：http://www.cepp.sgcc.com.cn

责任编辑：雍志娟

责任校对：黄　蓓　李　楠

装帧设计：郝晓燕

责任印制：石　雷

印　　刷：三河市航远印刷有限公司

版　　次：2024 年 11 月第一版

印　　次：2024 年 11 月北京第一次印刷

开　　本：710 毫米×1000 毫米　16 开本

印　　张：6

字　　数：79 千字

印　　数：0001—1000 册

定　　价：50.00 元

国网浙江省电力有限公司电力专业技术人员职称评审手册

技工院校教师系列
（2024年版）

编　委　会

主　任　吴俊健

副主任　陈　哲　周泰斌　高　策　王　瑜　林国松

委　员　陈凌晨　徐丝丝　陈丽园　吴宝兴

主　编　王从波

副主编　俞　磊　陈　哲　周泰斌　陈凌晨　徐丝丝

成　员　徐亚乐　周心怡　童珊珊　曹望舒　张剑勋

　　　　陈　甜　欧伊甸　陈　挺

前　言

　　职称评审是指对职业人员的职称进行评定和认定的一种制度。职称评审对企业的意义非常重大，它不仅可以提高企业的整体素质和竞争力，还可以激励员工的积极性和创造性，促进企业的发展和进步。通过职称评审，企业可以筛选出具有专业知识和技能的高素质人才，这些人才不仅能够为企业带来更高的效益和利润，还能够提高企业的整体竞争力和市场占有率。同时，职称评审是一种对员工能力和业绩的认可和肯定，它可以激励员工不断学习和提高自己的专业技能，增强员工的自信心和责任感，提高员工的工作积极性和创造性。

　　因此，为进一步提升公司职称评审工作管理规范，提高公司广大职工职称评审工作开展的及时性和有效性，公司组织专业人员编写了技工院校教师系列职称评审申报指导手册，手册从不同职称等级申报原则、申报资格、评审方式、评审流程、系统操作说明等方面进行了详细整理。

　　本指导手册在编写和审核过程中，得到公司相关人员的大力支持，在此深表感谢！鉴于编写人员水平和时间有限，难免有疏漏、不妥或错误之处，恳请大家批评指正，以便不断修订完善。若内容与上级发布的最新规程、规定有不符之处，应以上级最新的规程或规定为准。

目　录

第一章

中级职称评审申报

第一节 申 报 原 则

1. 公司具备技工院校教师系列中级职称评审权，申报者需参加公司统一评审，通过其他机构评审取得不予确认。

2. 各省电力高等专科学校、电力职业技术学院从事学历教育教学工作的教师人员应申报高等学校教师相关职称（参加地方相关单位组织的评审），各省（管理、技能）培训中心从事培训教学工作的教师人员应申报技工院校教师相关职称。申报技工院校教师系列人员需取得相应教师资格。

3. 申报人员应为本单位在职专业技术人员，退休人员不得申报职称。

4. 外单位调入人员，其职称若为具有职称评审权的单位评定或认定的，予以承认；否则，需履行职称评定工作程序，重新评定。

第二节　申报资格

系列	职称名称	学历要求	年限要求						绩效考核	继续教育	评定方式	其他要求	文件依据
			中专	大专	本科	双学士	硕士	博士					
技工院校教师系列	讲师	大学本科及以上学历	—	—	取得助理级职称后本专业年限满4年		取得助理级职称后本专业年限满2年（学制不满2年的国外硕士需满3年）	认定：入职当年	近三年绩效考核结果均为C级及以上	继续教育学时（学分）达到规定要求	评审	取得相应教师资格	国家电网企管〔2022〕508号文件附件1《国家电网有限公司职称评定管理办法》
	一级实习指导教师	中专及以上学历	取得助理级职称后本专业年限满5年	取得助理级职称后本专业年限满4年	取得助理级职称后本专业年限满3年								

补充说明：

（一）时限要求

计算现有职称取得年限、业绩成果取得时间或从事专业技术工作年限的截止时间，均为职称申报年度的 12 月 31 日。

（二）学历要求

1. 需专职从事技工院校教师系列规定的专业工作。

2. 具备专业不对口的学历，需取得 2 门及以上大专层次专业对口的专业课程自学考试单科结业证书，或华北电力大学电气工程专业课程研修班结业证书可参加中级职称评审。

3. 申报技工院校教师系列：技工院校中级工班、高级工班、预备技师（技师）班毕业，可分别按相当于中专、大专、本科学历申报。

4. 确实经过中央党校、各省（市、区）党校和境外院校规定学时、课时的学习（有学籍档案），所取得的学历、学位与国民教育学历具有同等效用，在职称评定中应予以承认。

（三）工作年限要求

规定年限是指在取得规定学历的前提下，申报评定相应级别职称必须具备的本专业年限和现职称后本专业年限。"本专业年限"是指截止申报年度 12 月 31 日，本人参加工作后所从事的与申报系列一致的专业技术工作累积年限之和。"现职称后本专业年限"是指截止申报年度 12 月 31 日，取得现职称后所从事的与申报系列一致的专业技术工作累积年限之和。

1. 转系列申报。员工工作调动或岗位调整，可申报现岗位专业对应的职称，即"转系列申报"。转系列申报同一级别职称为**"同级转评"**，转系列申报高一级别职称为**"转系列高报"**。

（1）同级转评：现职称为非技工院校教师系列，取得现职称后，从事所转申报专业满 2 年。

（2）转系列高报：现职称为非技工院校教师系列，需满足所转系列相应级别的年限（大专、本科满 4 年；双学士、硕士满 2 年）要求。

2. 转业军人和原公务员，属于首次参加职称评定的人员，需严格执行规定学历前提下的"本专业年限"：中专（含高中、职高、技校）毕业后满 9 年（仅一级实习指导教师系列）、大专毕业后满 7 年、本科毕业后满 5 年，可直接申报评定中级职称。

3. 疫情防控一线专业技术人员**可提前一年**申报中级职称；获得省部级及以上表彰奖励，**可破格申报高一级别的职称。**

注：疫情防控一线工作情况相关证明及奖励仅 2020 年、2021 年、2022 年有效。

注：公司抗疫一线人员主要指参与抗疫重大项目建设（如雷神山、火神山、方舱医院等电力设施建设、改造及保电工作）、进驻疫情隔离区救护（入赴武汉医疗救护、国外专援）、重要科技项目研发（如疫病防治、

疫苗生产关键核心技术研究等）人员。

注：疫情优惠政策不适用于技工院校学历人员和用于申报转系列评审。即疫情优惠政策仅破格年限不破格学历（来自备注）

4. 援藏援疆援青人员职称申报参照国家相关规定执行。

注：援即援派期间工作可算作本专业（申报专业）工作年限计入。

注：**援藏援疆援青人员申报政策遵循保密制度，该类人员申报请咨询上级。**

（四）文化、技术理论课教师的工作职责及任职条件

1. 讲师的工作职责

担任一门或一门以上课程的教学工作和指导实验室的工作，并撰写本专业具有一定水平的教学研究论文，参加编写教材和培训教师的工作。担任学生的政治思想工作或教学实习、社会调查等方面的管理工作。承担用一种外国语翻译本专业一般资料的任务。

2. 讲师的任职条件

（1）大学专科毕业以上，担任助理讲师职务四年以上，能担任培训教员的工作。

（2）能胜任一门或一门以上课程的讲授和全部教学工作，质量较高，教学效果好。

（3）掌握一门外国语，能阅读本专业的外文书籍和资料。

（五）生产实习课指导教师的工作职责及任职条件

1. 一级实习指导教师的工作职责

一级实习指导教师：熟练地担任生产实习课的教学工作和对工具、设备的正确使用及保养维修；讲授本工种（专业）的工艺学理论课，参加编写教材和承担一定的生产实习教学研究，技术革新任务以及指导三级实习指导教师技术理论知识和教学业务能力的提高；承担学生职业道德，文明

生产，安全生产的教育工作和生产实习课教学的组织管理工作。

2. 一级实习指导教师的任职条件

（1）大学专科毕业，担任二级实习指导教师四年以上，能胜任本工种（专业）生产实习课和工艺学理论课的教学工作。

（2）对本工种（专业）的实际操作技能达到高级技工的水平；在技术革新和生产实习教学中有较大贡献。

（六）继续教育要求

根据《国家电网有限公司专业技术人员继续教育管理规定》（国家电网企管〔2021〕70 号），专业技术人员申报职称需满足继续教育学时要求，职称认定前 1 年和评定前 3 年的继续教育年度学时不达标的，不得申报。

年度继续教育时间不少于 90 学时，其中，专业科目不少于 60 学时，且必修公需课目不少于 10 学时、必修专业科目不少于 20 学时。部分专业科目学时可通过其他形式折算获得，折算标准按照《专业技术人员继续教育专业科目学时折算标准》执行。

（七）费用要求

国网人才中心统收统支。

1. 报名费。200 元/人。申报同一专业、同一级别职称按一次性收取。复审未通过（未达标）和评委会评审未通过人员，报名费自动转入下一年度。

2. 评审费。500 元/（人·次）。

第三节 评 审 方 式

依据中级职称评审条件，严格执行规定学历、年限及业绩要求，采取评审委员会评审方式进行评定。

第四节　评　审　流　程

（一）网上申报

（1）网上报名。长期在岗职工登录"国家电网人力资源管理信息系统2.0"，填写报名信息。网址：hr.sgcc.com.cn（内网）。产业单位聘用职工登录"国网人才评价中心职称管理系统"，进入"2023年职称申报专栏"，填写报名信息。网址：portal.cphr.sgcc.com.cn（内网）；www.cphr.com.cn（外网）。

（2）信息填报。填写个人真实信息，上传本人近期免冠证件标准照片和各类佐证材料扫描件。按照系统提示，确认符合申报条件再交纳**报名费**。

（3）数据提交。申报者在系统内将数据提交至上级"申报单位"。

（4）准备初审材料。申报者在数据提交后，打印《职称申报初审表》《职称申报公示表》《材料清单》各1份。申报者将相关报表连同与所录入内容相对应的佐证材料的原件及复印件，送所在单位人事部门审查。

注：申报者需在申报时提交全部申报材料。各单位在复审工作开始后，以及整个评审过程中，任何人不得再补交材料。

（5）所在单位初审公示。所在单位人事部门对申报者提交的《职称申报初审表》《职称申报公示表》、佐证材料进行审核。《职称申报公示表》公示5个工作日后，人事部门在《职称申报初审表》上签字、盖章，在业绩佐证材料复印件上盖章（原件退还本人）后，将扫描件报送至申报单位（地市公司级单位）审核。

（6）申报单位审核。申报单位对上报的初审材料及系统中数据进行审核。

注：申报者需在申报时提交全部申报材料。各单位在复审工作开始后，

以及整个评审过程中，任何人不得再补交材料。

（7）主管单位审核。各主管单位需登录系统对数据进行**复审**。审核确认后将数据提交至国网人才中心。

（8）在线查询复审结果。国网人才中心进行汇总审核。申报者可登录系统查询复审结果。同时，复审结果将在系统上进行公示。

（9）完成"职称申报"。

复审通过人员，通过支付宝或农业银行平台网上支付**评审费**，系统显示"已交费"状态后，申报者可打印《职称评定表》。交纳评审费超过时限，视为自愿放弃当年评审资格。

（二）提交《评定表》

（1）打印《职称评定表》《材料清单》，将评定表装档案袋并封面粘贴《材料清单》后报送所在单位人事部门审核签章。

（2）所在单位人事部门审核材料并报送申报单位。

（3）申报单位对材料审核签章并报送主管单位。

（4）主管单位对材料审核签章并进行汇总。

（三）评审阶段

评委专家开展评审工作。

（四）公开审查阶段

评审通过名单公示 5 个工作日。

（五）发文认证阶段

国网人才中心印发职称通过文件、制发职称证书并将通过职称评定名单转入"历年职称备查库"。

第五节　长期在岗职工系统操作说明
（以 2021 年度申报为例）

（一）登录及报名

正确选择专业系列，根据本人岗位和业绩选择分支专业。与现职称资格专业方向一致，并根据满足申报条件项对应选择申报方式。

① 申报级别：中级。

② 专业系列：技工院校教师系列。

③ 分支专业：根据本人岗位和业绩选择分支专业，与现职称资格专业方向一致。

④ 申报方式：含正常申报、同级转评等。

正常申报：正常晋级申报（含转系列高报）。

同级转评：其他系列中级职称转评为工程师。

（二）信息填报

1. 基本情况

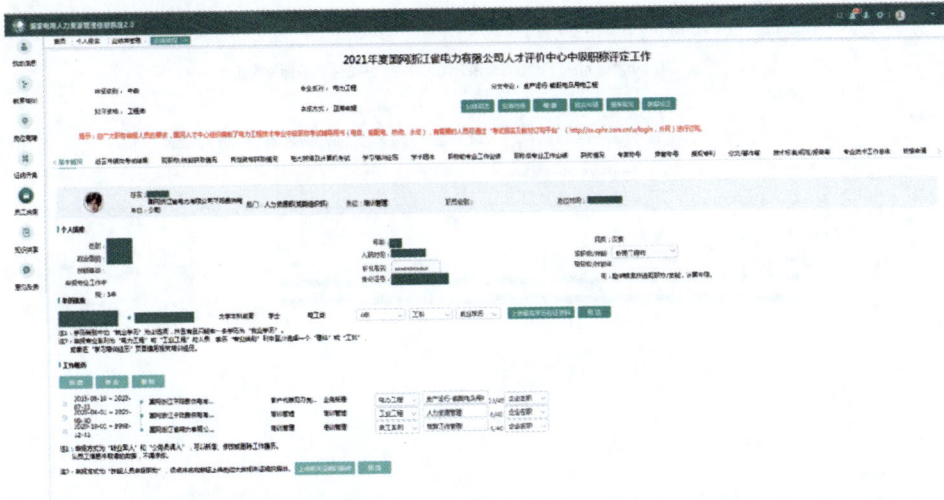

▲根据岗位信息正确选择专业和填写从事专业。每条都需填写，包括专业系列、从事专业、工作类别，否则申报专业工作年限无法正确显示。

注：学历证书等审核需注意：系统要求上传原件扫描件，如原件丢失，则需所在单位人资部盖章签字后上传即有效。

2. 近三年绩效考核结果

系统自动导入近三年的绩效结果。若有部分人员缺少数据，可点击"新增"维护添加

▲系统自动导入近三年的绩效结果。若缺少数据，可点击"新增"维护添加。

3. 现职称/技能等级获取情况

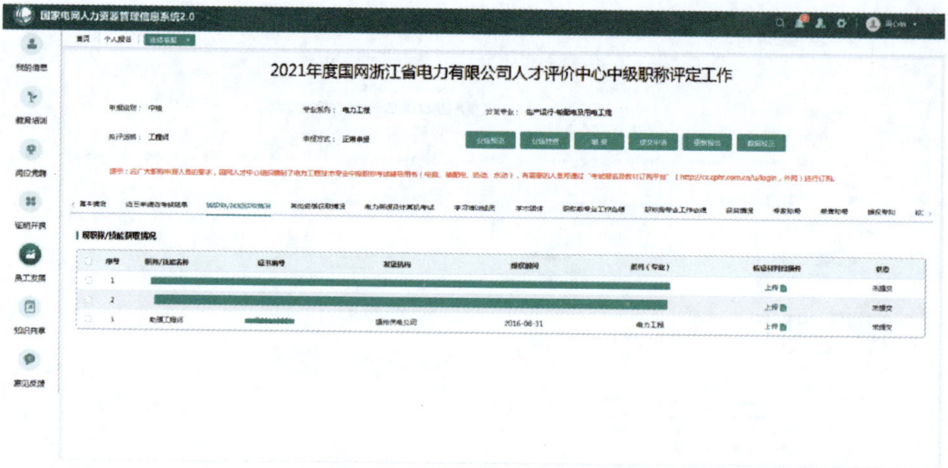

▲系统自动导入现职称/技能等级获取情况，根据申报条件选择对应的证书，并上传附件。

注：各类证书：职称证书审核需注意：系统要求上传原件扫描件，如原件丢失，则需所在单位人资部盖章签字后上传即有效。

4. 其他资格获取情况

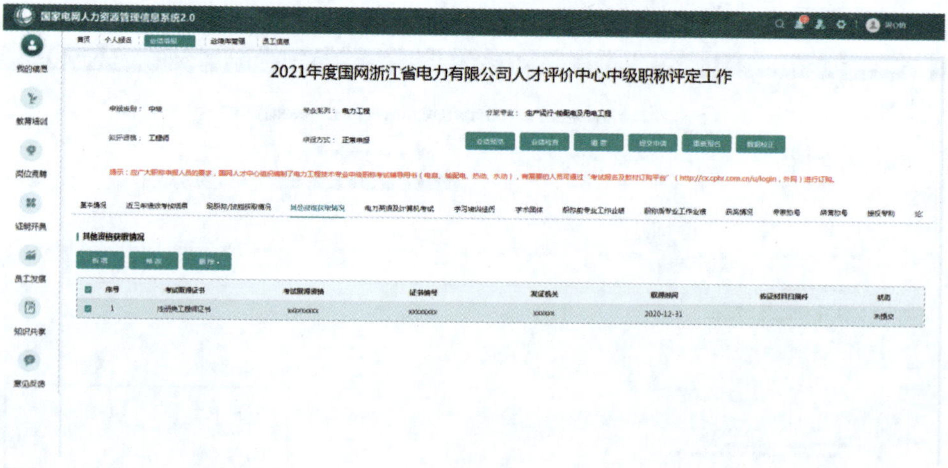

▲这里仅录入"注册类工程师"证书。若无则不用填写。

注：各类证书：资格证书等审核需注意：系统要求上传原件扫描件，如原件丢失，则需所在单位人资部盖章签字后上传即有效。

5. 电力英语及计算机考试

▲正确输入电力英语或计算机的证书信息并按要求上传佐证材料。各类证书审核需注意：系统要求上传原件扫描件，如原件丢失，则需所在单位人资部盖章签字后上传即有效。

注：自 2016 年度职称申报开始，英语、计算机考试成绩不再作为申报必备条件，但仍作为职称评定的水平能力标准之一。自 2020 年度开始，电力英语和计算机的考试免试条件取消，仅国网的电力英语、计算机水平考试成绩有效。

国网电力英语证书分为 A、B、C 三个等级，均适用于申报中级职称。有效期分别是 A 级 4 年和 B、C 级 3 年（截止日为取证的对应年限年底）。

国网电力计算机证书分为 A、B 两个等级，均适用于申报中级职称。有效期分别是 A 级 4 年和 B 级 3 年（截止日为取证的对应年限年底）。

6. 学习培训经历

▲适当填写学习培训经历条数，包括后续学历教育、专业培训等。

▲自学考试结业证书、华北电力大学电气工程专业课程研修班结业证书均在该模块录入。

注：学历证书、培训证书等审核需注意：系统要求上传原件扫描件，如原件丢失，则需所在单位人资部盖章签字后上传即有效。

7. 学术团体

8. 职称前专业工作业绩

▲取得现职称之前的业绩。职称前专业工作业绩要与工作经历对应写，按要求对应填写工作业绩（主要填写与申报专业相符的业绩）。

▲项目成效：上限300字。建议格式为角色＋项目内容＋本人作用＋结论，从创新性、影响力、经济效益、收益成果角度写结论。

佐证上传要求：专业部门盖章的证明页面及证明材料。

9. 职称后专业工作业绩

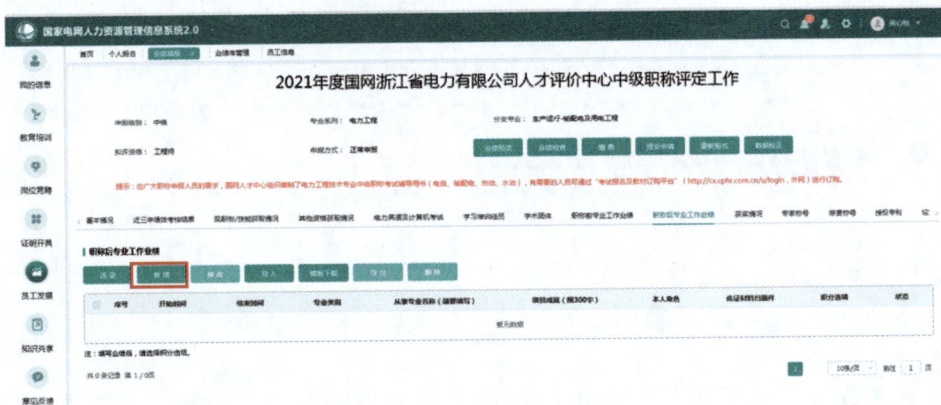

　　▲从事专业名称：从申报的分支专业角度填报。

　　▲项目成就：总结归纳，控制在 100 字左右。具体填写内容可根据积分选项要求归纳。角色＋项目内容＋本人作用＋结论。从创新性、影响力、经济效益、收益成果角度写结论。

　　▲佐证上传要求：专业部门盖章的证明页面及证明材料。

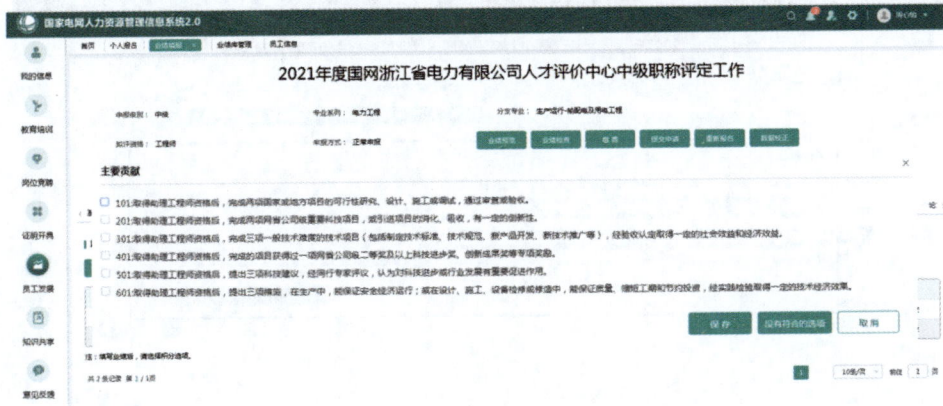

▲取得现职称之后的业绩。一定要选择对应积分选项，也不能选择"没有符合的选项"，否则没有积分。积分选项要均匀分布（尽可能涉及多个积分序号）。

业绩成果的"主要贡献者（主要完成人）"，需是排名靠前的第一、二完成人及主要完成（参加）者。若排名靠后，但确系主要完成（参加）者，需提供本人所在单位主管部门出具的正式文件。该文件，需后附第一、二完成人分别亲自撰写并签名的"证明书"。文件及"证明书"需表明在该项目中被证明人承担任务的内容、重要程度及排名位次和排名靠后的原因，以及其他获奖人员名单（如获奖人数超过 15 人，可仅列出前 15 人名单并注明获奖总人数）。

10. 获奖情况

▲获奖等级：根据实际获奖等级对应选择；其他等级均按最低奖项选择。同一项成果多次获奖，只选最高级别。

*获奖类别供审核时参考：国家最高科学技术奖、自然科学奖、技术发明奖、科学技术进步奖、中国专利金奖、抗疫一线人员奖励、专业专项奖（优秀设计、优质工程）、其他。佐证材料需提供获奖证书或文件（获奖正式文件必须有获奖项目和成员姓名等信息）。

*获奖级别供审核时参考：

15

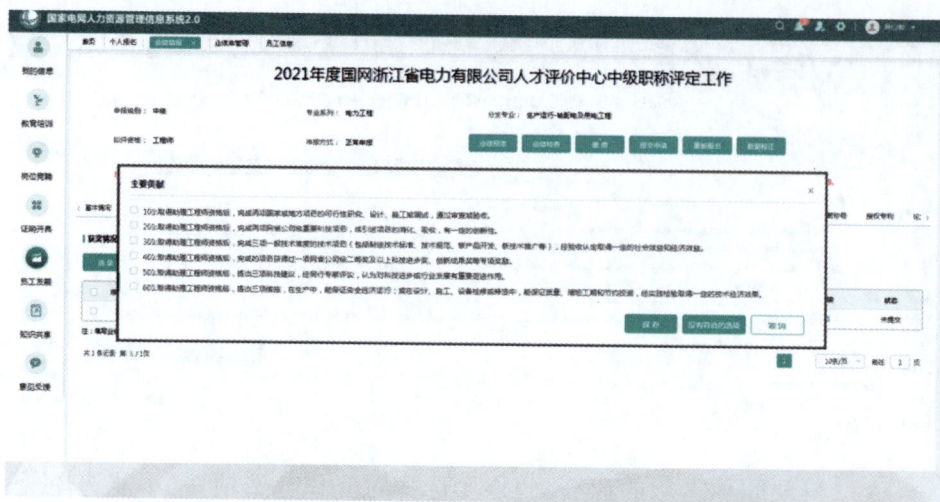

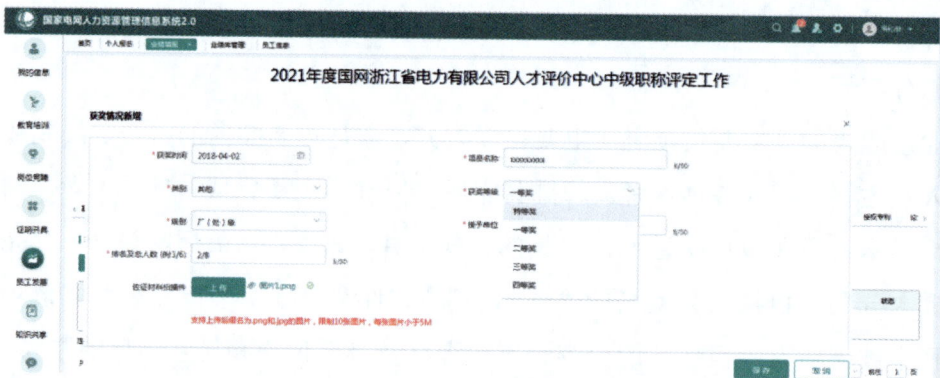

（1）国家级：国家科学技术进步奖包括国家自然科学奖、国家科技进步奖、国家技术发明奖三类，其他奖项不计作国家级奖项。

（2）省部级（含行业级、国网公司级）：国家电网公司设立的科学技术进步奖、技术发明奖、技术标准创新贡献奖、专利奖、管理创新成果奖、软科学成果奖等奖项；省级单位颁发的奖项；各部委（国家级行业）设立的奖项；中国电机工程学会、中国电力企业联合会等省部级行业协（学）会颁发的奖项、科技部公布的社会力量设立科学技术奖项；中国企业联合会颁发的全国企业管理现代化创新成果奖。

（3）地市级（含省公司级）：各省公司颁发的科技进步奖、管理创新成果奖等奖项；各地市设立的奖项；各省厅局级设立的奖项；各省行业协会（学会）的专业奖。

（4）厂处级（含地市公司级、省公司直属单位级）：地市公司，省公司直属单位设立的科技成果奖项和管理创新成果奖等奖项。

（5）其他：国家知识产权局设立的中国专利金奖按省部级一等奖计分，中国专利奖、中国专利优秀奖按省部级二等奖计分。其他未标明奖项等级的优秀奖、优质奖、特别奖、创新奖、进步奖、管理创新成果奖等奖项，按同级别三等奖处理。

11.专家称号

▲点击"新增"，选择对应的专家称号：

"百千万人才工程"国家级人选、国家高层次人才特殊人才支持计划专家、"创新人才推进计划"中青年领军人才、国家有突出贡献的中青年专家、享受国务院政府特殊津贴人员（技术类）、享受省部级政府特殊津贴人员（技术类）。

▲上传相应表彰文件或证书等佐证材料。

▲"专家称号"选项中未列出的称号请在"荣誉称号"模块中填写。

12. 荣誉称号

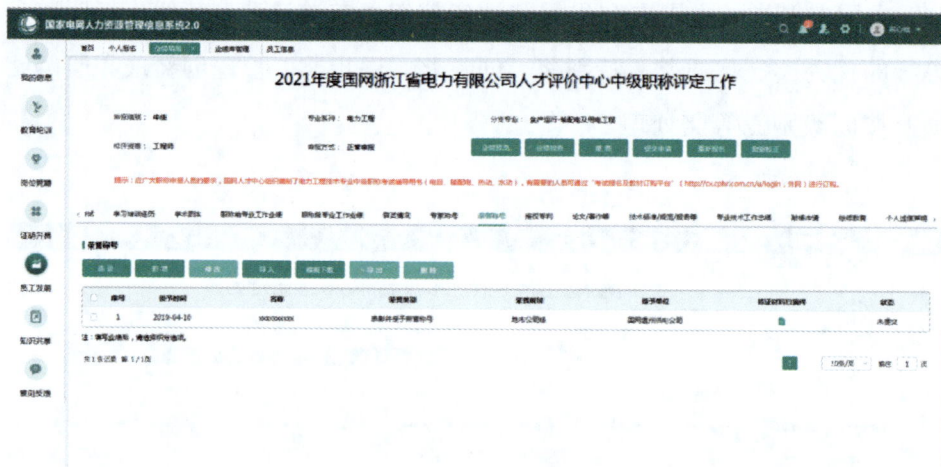

注：荣誉证书、表彰文件、各类集体荣誉中均需有本人姓名，否则不能算。不能提供荣誉证书或荣誉文件的，不能算。除上面的专家称号外的荣誉称号填写到此处，如先进个人、劳模、岗位能手、优秀党员等。

13. 授权专利

注：仅限于已授权且在有效期内的专利，海外专利不予认可。需提供专利授权证书。

14. 论文/著作等

注：严厉打击论文代写代发、虚假刊发等违纪违规行为，对于抄袭、剽窃、不当署名等学术不端行为，按照有关规定处理，撤销取得的职称，并记入职称申报评审诚信档案库。申报者提交的论文和技术报告等作品应为取得现职称后撰写且与申报专业相关，内容不相关的作品属无效作品。

其中：

论文或著作必须是正式发表或出版，录用通知不予认可。申报时需提供书、刊的封面、目录（交流或评选的证书）和本人撰写的内容，不必将整本书、刊一同提交，其中，论文佐证材料还需提供权威网站查询的收录情况截图。内容包括：

（1）国家科技图书文献中心、中国知网、万方数据知识服务平台检索的同期期刊封面。

（2）上述网站检索的同名期刊基本信息截图。

（3）上述网站检索的同期期刊内本篇文章收录截图。

注：以下为常见的假期刊名称：《科学与生活》（汉语版）、《电力设备》（2008 年已停刊）、《中国电业》（杂志名称只有"中国电业"四个字）、《中国电业－发电》《中国电业技术》《当代电力文化》（旬刊、半

月刊）。

*"**核心期刊**"以北京大学的"北大中文核心期刊"、南京大学的"南大核心期刊（CSSCI）"、中国科学技术信息研究所的"中国科技核心期刊"、中国人文社会科学学报学会的"中国人文社科学报核心期刊"、中国社会科学评价中心的"中国人文社会科学期刊评价报告"、中科院文献情报中心的"中国科学引文数据库（CSCD）来源期刊列表"目录为准。*职称申报系统已增加核心期刊查询按键。

SCI 收录或 EI 收录的文章需提供有大学图书馆或教育部科技查新工作站盖章的收录证明，且注明查新工作人员姓名和电话。核心期刊目录每隔几年会根据期刊的质量和权威性进行动态调整，审核人员应审核该期刊刊发当年是否在核心期刊目录总览中。

"**有正式刊号的普通期刊**"审查以封面或版权页上有 ISSN 和 CN 的组合字样出现为准。可在国家新闻出版署或中国知网、万方数据等期刊数据登录网站查到。

"**省（市、区）批准的内部准印期刊**"审查以封面或版权页上有"X内资准字"出现为准（如:《电力人力资源》,为"京内资准字9908－L0825"）。

"**学术会议上发表**"必须要有学术会议主办部门的证明页。

"**著作**"审查以有正规的出版社为准。佐证材料要求著作封面、版权页、编委页、目录页、正文节选、出版单位出具的字数证明。

注：论文、著作、技术报告等审查要求：

（1）论文类提供：期刊（公开出版的会议论文集）封面、版权页、目录页、论文正文、SCI（EI）检索证明以及**权威网站查询的收录情况截图**。

（2）著作类提供：封面、版权页、编委页（本人角色页）、目录页、正文节选。

（3）教材或技术手册类提供：封面、版权页、编委页（本人角色页）、目录页、正文节选。

15. 技术标准/规范/报告等

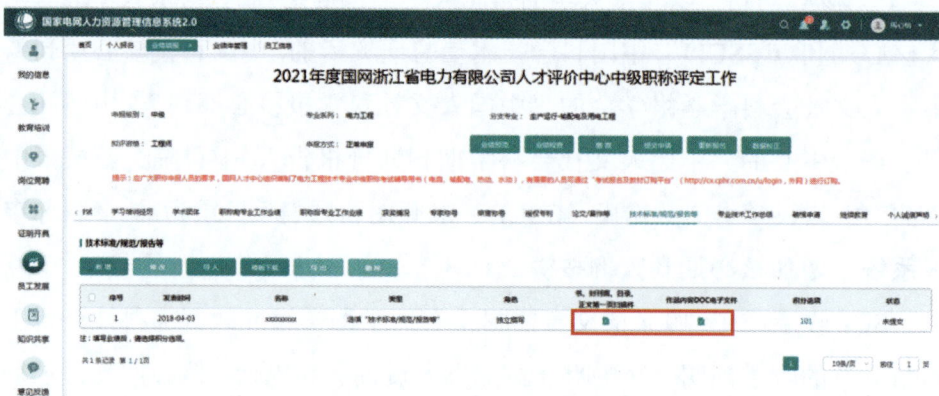

注："技术报告"应为申报者在当时完成专业技术项目之后，对完成或解决某项具体技术工作问题的报告。申报时需提供专业技术负责人的证明（或鉴定意见）。

申报时须提供专业技术负责人的证明（或鉴定意见）。每个技术报告要有专业部门证明、证明人签字、专业部门盖章，扫描好作为技术报告第一页。

技术报告扫描顺序：证明页、封面（含编写人、审核人、审批人签字）、目录、正文第一页。

技术报告可以是未出版的论文、实施细则、典型经验。

技术报告是描述科学研究过程、进展、结果，或者研究过程中遇到问题的文档，可以是某项项专业工作调查报告，实施方案等，具体灵活掌握。

技术报告类提供：正式颁布的标准、导则、规范、规程封面、正文节选、本人角色页等。

研究报告、项目报告等代表性成果提供：研究、项目、报告等成果封面、正文节选、本人角色页等，相关单位出具的成果应用证明。专业技术负责人的证明（或鉴定意见），证明内容包括申报人员在整个项目中参与完成的角色，参与程度，项目中具体承担工作的重要性等，并由项目负责人或技术负责人签字，项目完成单位盖章。

16. 专业技术工作总结

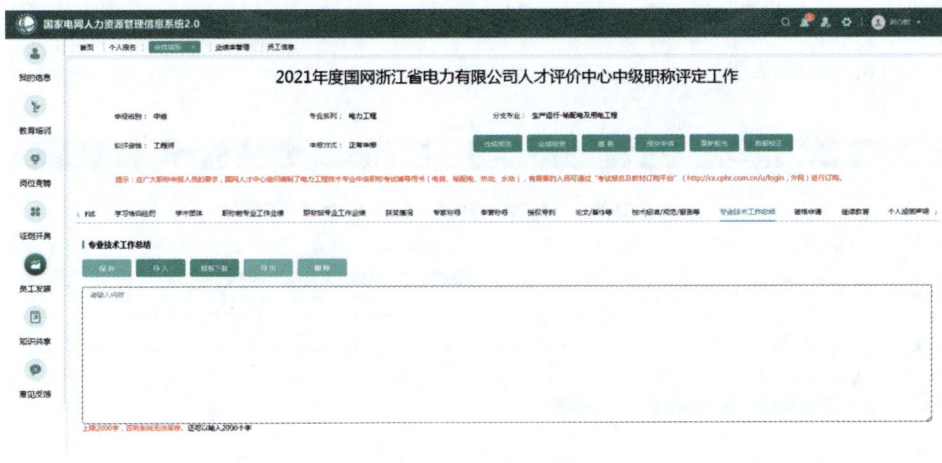

注：指取得现专业技术资格后的个人工作总结，系统字数上限 2000 字。

17. 破格申请

单位需提供申报人员疫情防控一线工作情况相关证明（包括工作具体内容及成效，仅 2020 年、2021 年、2022 年有效），并报省公司级单位人事部门审核、盖章。申报人员将签字盖章的"证明"扫描后在申报系统中上传，纸质版原件作为申报材料提交。

疫情防控一线专业技术人员获得省部级及以上表彰奖励（仅 2020 年、2021 年、2022 年有效），可破格申报高一级别的职称。申报人员在"获奖情况"栏目中对相应奖励进行填报，并提供《破格申请申报表》，需按照"破格申报人员"流程完成相关工作。

18. 继续教育

19. 个人诚信声明

注：申报者需提交"个人诚信声明"，对填报内容及提交材料真实性、准确性负责，如有不实之处，本人需承担相应责任。实行学术造假"一票否决制"，对申报人员弄虚作假等违规违纪行为严肃处理，撤销其取得的职称，原则上 3 年不得申报，情节严重的，追究相关责任。

（三）缴费提交

1. 检查数据

点击按钮业绩检查，根据提示修改对应填报数据，直至全部检查通过。

2. 完成缴费

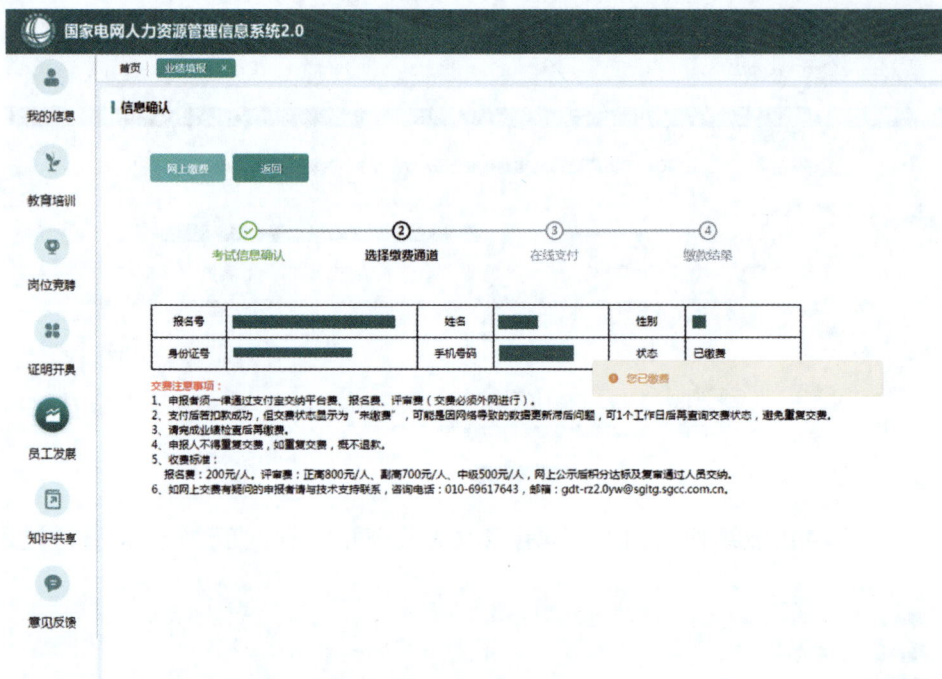

点击缴费按钮，根据提示完成网上缴费。

缴费完成后，表格中状态显示：已缴费。

3. 系统提交

确认无误后，点击提交申请按钮，完成系统提交。

第六节　产业单位聘用职工系统操作说明
（以 2021 年度申报为例）

（一）注册登录

用 Google 浏览器登录电力人才网站 www.cphr.com.cn 内外网同步。

填写个人基本信息，其中工作单位填写劳动合同单位的全称。

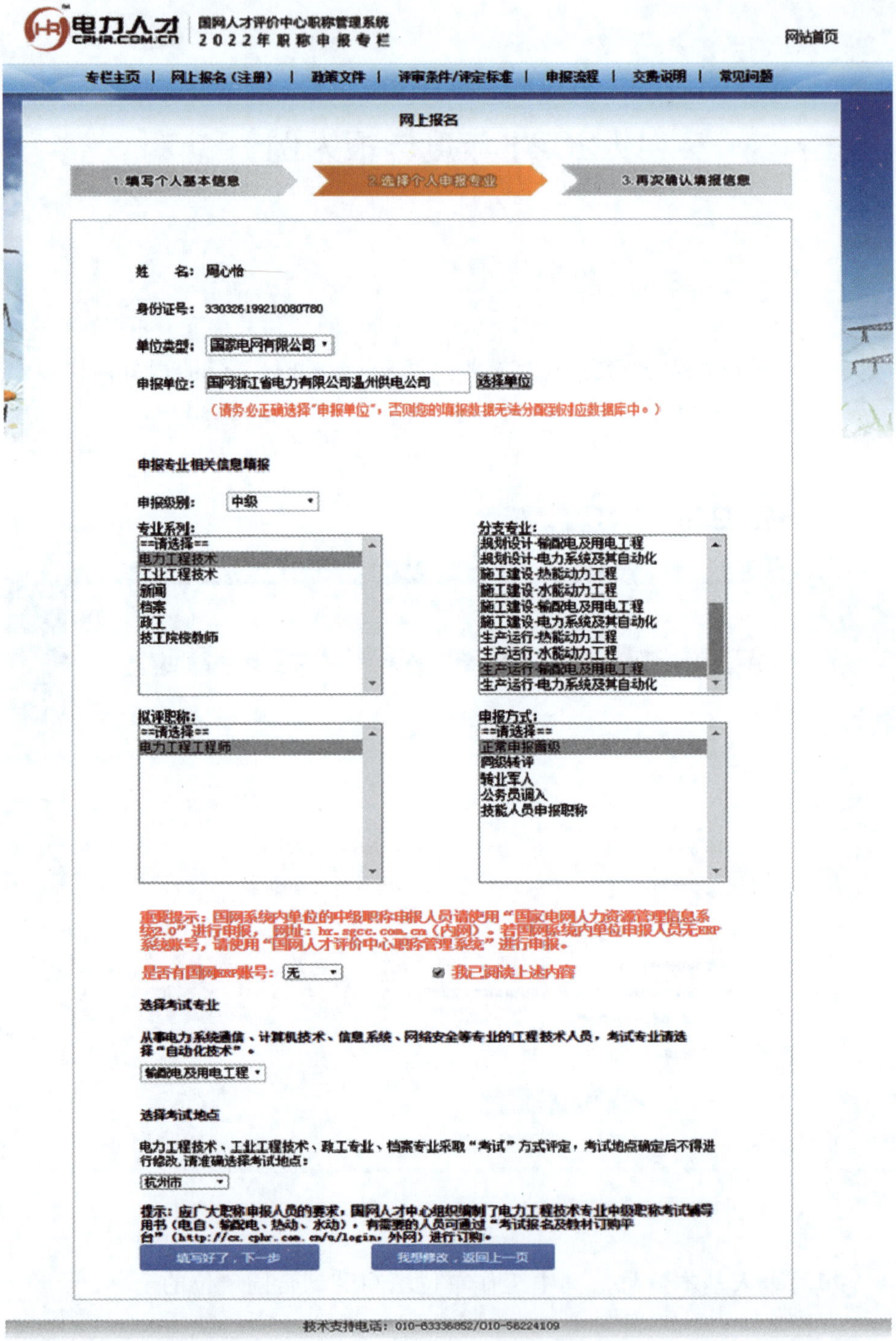
电力人才 CPHR.COM.CN
国网人才评价中心职称管理系统
2022年职称申报专栏
网站首页
专栏主页 | 网上报名(注册) | 政策文件 | 评审条件/评定标准 | 申报流程 | 交费说明 | 常见问题
网上报名
1.填写个人基本信息
2.选择个人申报专业
3.再次确认填报信息
姓　名：周心怡
身份证号：330326199210080780
单位类型：国家电网有限公司
申报单位：国网浙江省电力有限公司温州供电公司
选择单位
（请务必正确选择"申报单位"，否则您的填报数据无法分配到对应数据库中。）
申报专业相关信息填报
申报级别：中级
专业系列：
==请选择==
电力工程技术
工业工程技术
新闻
档案
政工
技工院校教师
分支专业：
规划设计-输配电及用电工程
规划设计-电力系统及其自动化
施工建设-热能动力工程
施工建设-水能动力工程
施工建设-输配电及用电工程
施工建设-电力系统及其自动化
生产运行-热能动力工程
生产运行-水能动力工程
生产运行-输配电及用电工程
生产运行-电力系统及其自动化
拟评职称：
==请选择==
电力工程工程师
申报方式：
==请选择==
正常申报晋级
同级转评
转业军人
公务员调入
技能人员申报职称
重要提示：国网系统内单位的中级职称申报人员请使用"国家电网人力资源管理信息系统2.0"进行申报，网址：hr.sgcc.com.cn（内网）。若国网系统内单位申报人员无ERP系统账号，请使用"国网人才评价中心职称管理系统"进行申报。
是否有国网ERP账号：无
我已阅读上述内容
选择考试专业
从事电力系统通信、计算机技术、信息系统、网络安全等专业的工程技术人员，考试专业请选择"自动化技术"。
输配电及用电工程
选择考试地点
电力工程技术、工业工程技术、政工专业、档案专业采取"考试"方式评定，考试地点确定后不得进行修改，请准确选择考试地点：
杭州市
提示：应广大职称申报人员的要求，国网人才中心组织编制了电力工程技术专业中级职称考试辅导用书（电自、输配电、热动、水动），有需要的人员可通过"考试报名及教材订购平台"（http://cx.cphr.com.cn/c/login，外网）进行订购。
填写好了，下一步
我想修改，返回上一页
技术支持电话：010-63336852/010-58224109

正确选择专业系列，根据本人岗位和业绩选择分支专业。与现职称资格专业方向一致，并根据满足申报条件项对应选择申报方式。"申报单位"务必正确选择本人所在地市级公司。

申报方式：含正常申报晋级、同级转评、转业军人、公务员调入等。

正常申报晋级：正常晋级申报（含转系列高报）。

同级转评：其他系列中级职称转评为讲师/一级实习指导教师。

转业军人：首次参加职称评定的军队转业干部。

公务员调入：首次参加职称评定的原公务员身份人员。

根据要求选择考试专业及考试地点。

确认个人信息无误后提交。注册完成后进行个人登录。如果往年报过，重新注册后，往年填写的内容会自动同步到本人账户里。

（二）报名缴费

在业绩提交前及时完成报名费缴费。完成缴费后，状态显示"已缴费"。

（三）信息填报

1. 基本情况

▲"现从事专业"是指现从事与申报专业相关的专业。

▲"现专业工作年限"是指截止申报年度 12 月 31 日，本人参加工作后所从事的与申报系列一致的专业技术工作累计年限之和。

2. 近三年绩效考核结果

▲如实填写近三年绩效考核结果。

3. 现职称获取情况

▲正确输入现职称/技能等级证书信息。证书扫描件包括编码页、照片页、姓名页及主要信息页，并确保扫描件清晰、方向端正。

▲系统中提交附件格式要求。格式：JPG.PNG；命名：不能含有中文。数字、字母构成。

4. 计算机及英语考试

参加"国家电网有限公司英语、计算机水平考试"人员，在选择相应

31

级别后，系统将自动识别考试是否有效，不必再填写"证书编号"及"发证时间"。若考试有效将提示"系统审核合格"，不必再提交证书复印件和扫描件；若考试无效，将提示"系统审核不合格"；若出现考试证书有效，但系统提示"不合格"的情况，请及时与国网人才评价中心联系。

注：自 2016 年度职称申报开始，英语、计算机考试成绩不再作为申报必备条件，但仍作为职称评定的水平能力标准之一。自 2020 年度开始，电力英语和计算机的考试免试条件取消，仅国网的电力英语、计算机水平考试成绩有效。

国网电力**英语**证书分为 A、B、C 三个等级，均适用于申报中级职称。有效期分别是 A 级 4 年和 B、C 级 3 年（截止日为取证的对应年限年底）。

国网电力**计算机**证书分为 A、B 两个等级，均适用于申报中级职称。有效期分别是 A 级 4 年和 B 级 3 年（截止日为取证的对应年限年底）。

5. 学历、学位情况

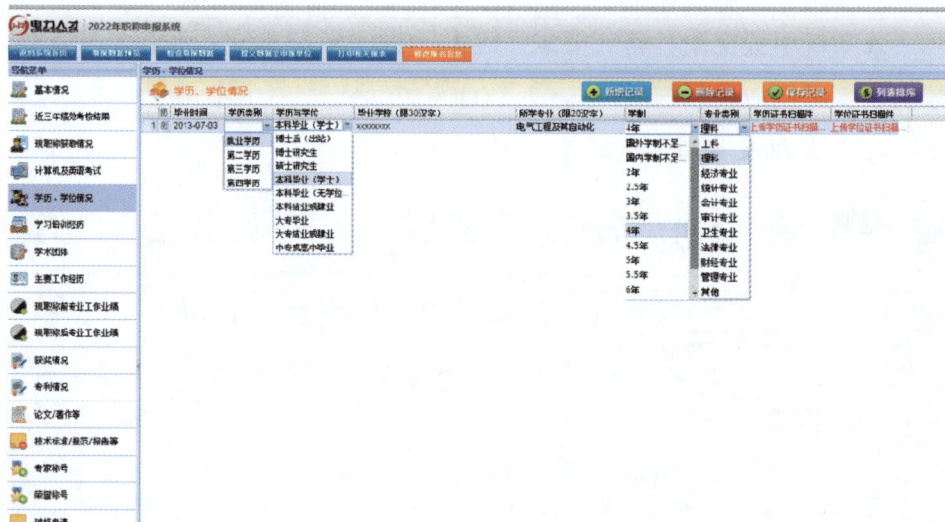

▲填写学历、学位情况，上传证书扫描件，确保方向端正、清晰，并保存记录。

▲系统自动测试学历是否符合条件。就业学历为必填项，学历按照时

间顺序填写，每个学历只能填写一次。

注：学历证书等审核需注意：系统要求上传原件扫描件，如原件丢失，则需所在单位人资部盖章签字后上传即有效。

6. 学习培训经历

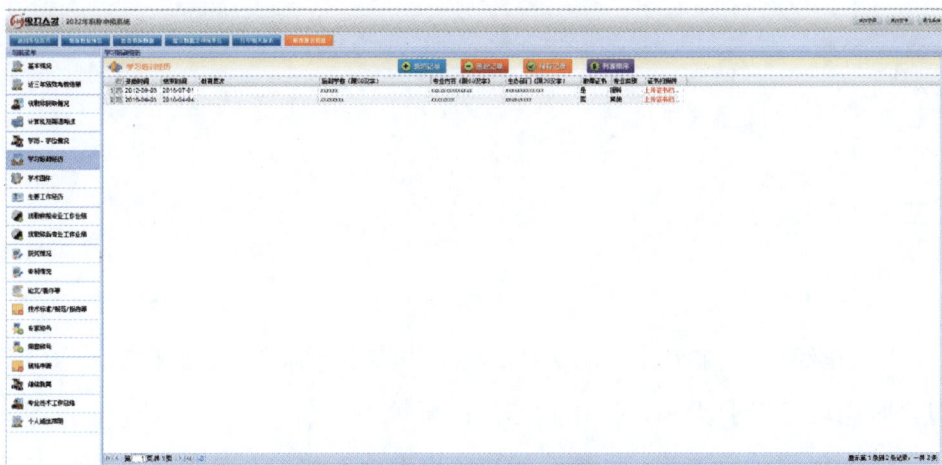

▲适当填写学习培训经历条数，包括后续学历教育、专业培训等。

注：学历证书、培训证书等审核需注意：系统要求上传原件扫描件，如原件丢失，则需所在单位人资部盖章签字后上传即有效。

7. 学术团体

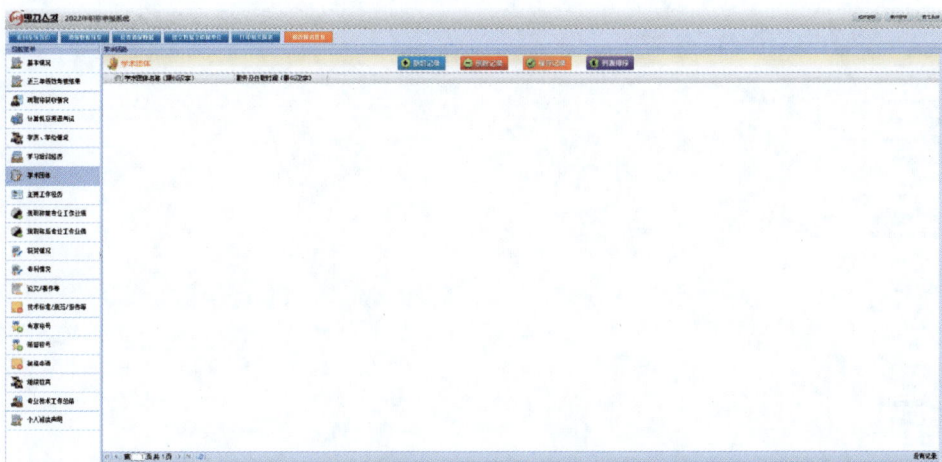

8. 主要工作经历

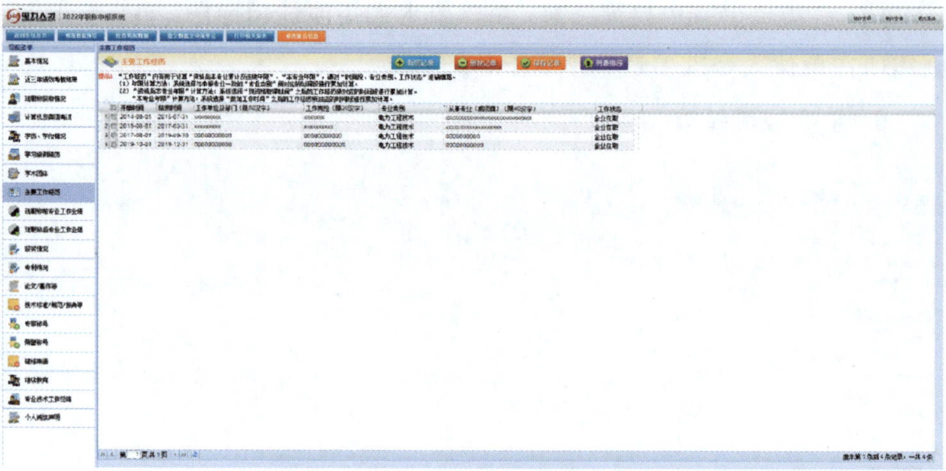

"工作经历"内容用于计算"资格后本专业年限""本专业年限"，请对"时间段、专业类别、工作状态"准确填写。

（1）年限计算方法：系统选择与申报专业一致的"专业类别"所对应的时间段进行累加计算。

（2）"资格后本专业年限"计算方法：系统选择"现资格取得时间"之后的工作经历所对应的时间段进行累加计算。

9. 现职称前专业工作业绩

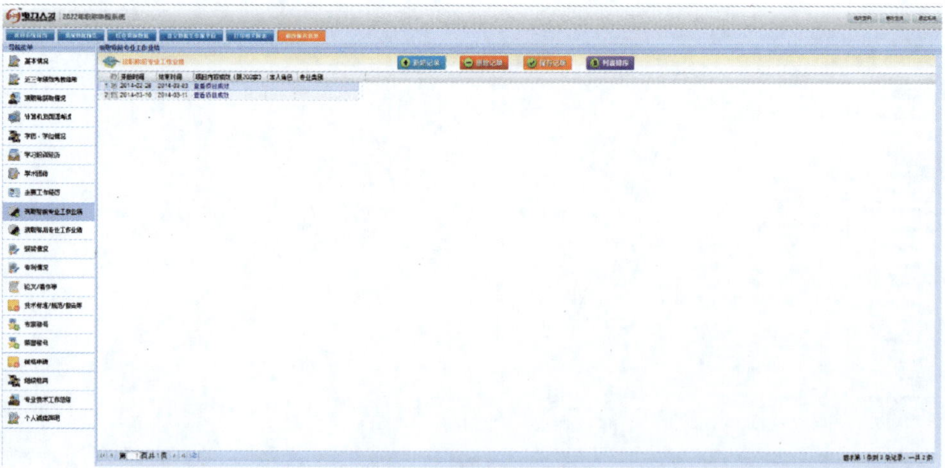

▲取得现职称之前的业绩。职称前专业工作业绩要与工作经历对应写，按要求对应填写工作业绩（主要填写与申报专业相符的业绩）。

▲项目成效：上限300字。建议格式为角色＋项目内容＋本人作用＋结论，从创新性、影响力、经济效益、收益成果角度写结论。

佐证上传要求：专业部门盖章的证明页面及证明材料。

注：按本人角色重要程度填写。

10. 现职称后专业工作业绩

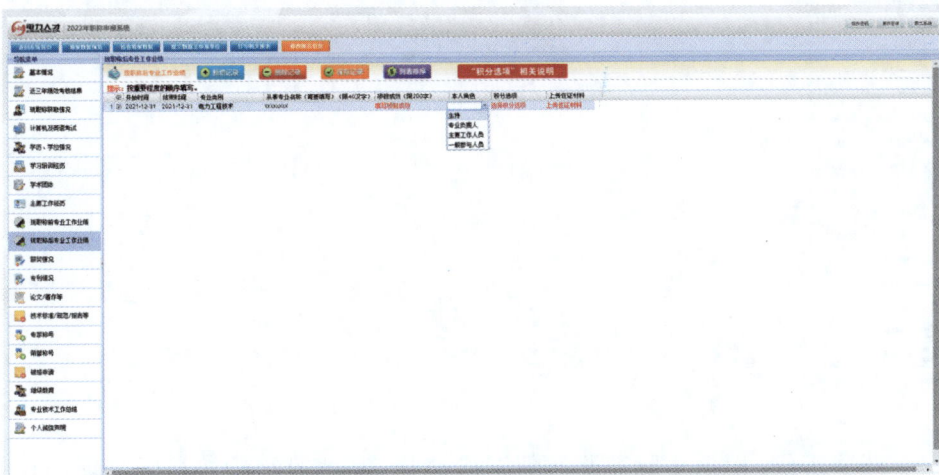

▲取得现职称之后的业绩。注意积分选项要均匀分布（尽可能涉及多个积分序号）。从事专业名称：从申报的分支专业角度填报。

▲项目成就：总结归纳，控制在100字左右。具体填写内容可根据积分选项要求归纳。角色＋项目内容＋本人作用＋结论。从创新性、影响力、经济效益、收益成果角度写结论。

佐证上传要求：专业部门盖章的证明页面及证明材料。

业绩成果的"主要贡献者（主要完成人）"，需是排名靠前的第一、二完成人及主要完成（参加）者。若排名靠后，但确系主要完成（参加）者，需提供本人所在单位主管部门出具的正式文件。该文件，需后附第一、二完成人分别亲自撰写并签名的"证明书"。文件及"证明书"需表明在该项目中被证明人承担任务的内容、重要程度及排名位次和排名靠后的原因，以及其他获奖人员名单（如获奖人数超过 15 人，可仅列出前 15 人名单并注明获奖总人数）。

11. 获奖情况

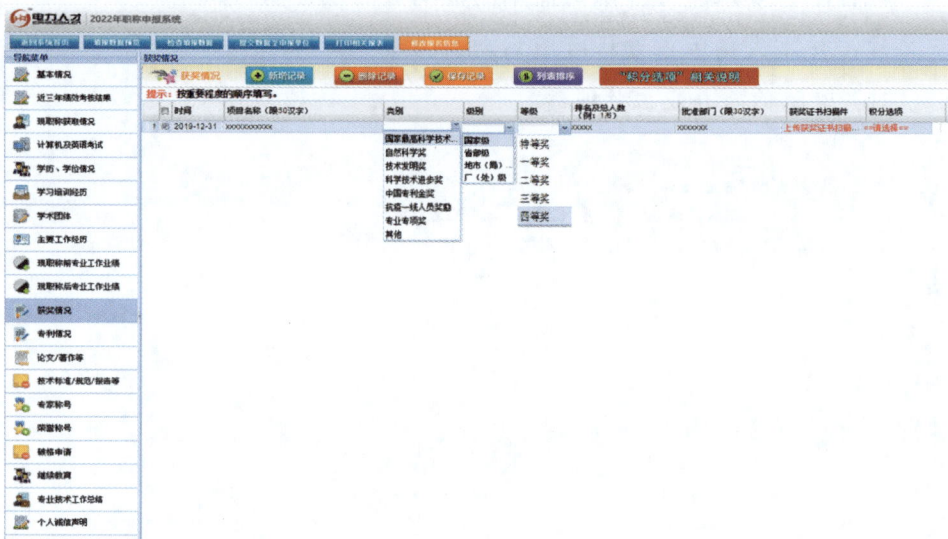

获奖等级：根据实际获奖等级对应选择；其他等级均按最低奖项选择。同一项成果多次获奖，只选最高级别。

*获奖类别供审核时参考：国家最高科学技术奖、自然科学奖、技术发明奖、科学技术进步奖、中国专利金奖、抗疫一线人员奖励、专业专项奖（优秀设计、优质工程）、其他。佐证材料需提供获奖证书或文件（获奖正式文件必须有获奖项目和成员姓名等信息）。

*获奖级别供审核时参考：

（1）国家级：国家科学技术进步奖包括国家自然科学奖、国家科技进步奖、国家技术发明奖三类，其他奖项不计作国家级奖项。

（2）省部级（含行业级、国网公司级）：国家电网公司设立的科学技术进步奖、技术发明奖、技术标准创新贡献奖、专利奖、管理创新成果奖、软科学成果奖等奖项；省级单位颁发的奖项；各部委（国家级行业）设立的奖项；中国电机工程学会、中国电力企业联合会等省部级行业协（学）会颁发的奖项、科技部公布的社会力量设立科学技术奖项；中国企业联合会颁发的全国企业管理现代化创新成果奖。

（3）地市级（含省公司级）：各省公司颁发的科技进步奖、管理创新成果奖等奖项；各地市设立的奖项；各省厅局级设立的奖项；各省行业协会（学会）的专业奖。

（4）厂处级（含地市公司级、省公司直属单位级）：地市公司，省公司直属单位设立的科技成果奖项和管理创新成果奖等奖项。

（5）其他：国家知识产权局设立的中国专利金奖按省部级一等奖计分，中国专利奖、中国专利优秀奖按省部级二等奖计分。其他未标明奖项等级的优秀奖、优质奖、特别奖、创新奖、进步奖、管理创新成果奖等奖项，按同级别三等奖处理。

12. 专利情况

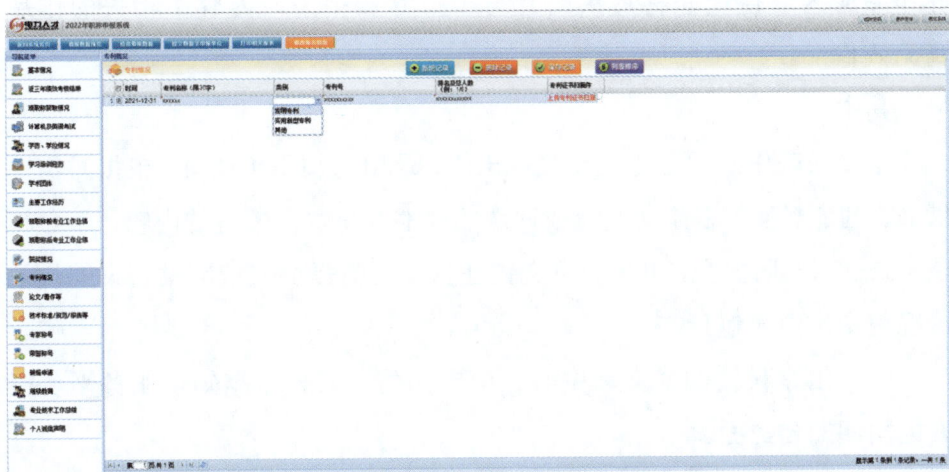

注：仅限于已授权且在有效期内的专利，海外专利不予认可。需提供专利授权证书。

13. 论文/著作等

注：严厉打击论文代写代发、虚假刊发等违纪违规行为，对于抄袭、剽窃、不当署名等学术不端行为，按照有关规定处理，撤销取得的职称，并记入职称申报评审诚信档案库。申报者提交的论文和技术报告等作品应为取得现职称后撰写且与申报专业相关，内容不相关的作品属无效作品。

其中：

论文或著作必须是正式发表或出版，录用通知不予认可。申报时需提供书、刊的封面、目录（交流或评选的证书）和本人撰写的内容，不必将整本书、刊一同提交，其中，论文佐证材料还需提供权威网站查询的收录情况截图。内容包括：

（1）国家科技图书文献中心、中国知网、万方数据知识服务平台检索的同期期刊封面。

（2）上述网站检索的同名期刊基本信息截图。

（3）上述网站检索的同期期刊内本篇文章收录截图。

注：以下为常见的假期刊名称：《科学与生活》（汉语版）、《电力设备》（2008 年已停刊）、《中国电业》（杂志名称只有"中国电业"四个

字）、《中国电业－发电》《中国电业技术》《当代电力文化》（旬刊、半月刊）。

＊"核心期刊"以北京大学的"北大中文核心期刊"、南京大学的"南大核心期刊（CSSCI）"、中国科学技术信息研究所的"中国科技核心期刊"、中国人文社会科学学报学会的"中国人文社科学报核心期刊"、中国社会科学评价中心的"中国人文社会科学期刊评价报告"、中科院文献情报中心的"中国科学引文数据库（CSCD）来源期刊列表"目录为准。**＊职称申报系统已增加核心期刊查询按键。**

SCI 收录或 EI 收录的文章需提供有大学图书馆或教育部科技查新工作站盖章的收录证明，且注明查新工作人员姓名和电话。核心期刊目录每隔几年会根据期刊的质量和权威性进行动态调整，审核人员应审核该期刊刊发当年是否在核心期刊目录总览中。

"有正式刊号的普通期刊"审查以封面或版权页上有 ISSN 和 CN 的组合字样出现为准。可在国家新闻出版署或中国知网、万方数据等期刊数据登录网站查到。

"省（市、区）批准的内部准印期刊"审查以封面或版权页上有"X内资准字"出现为准（如：《电力人力资源》，为"京内资准字 9908－L0825"）。

"学术会议上发表"必须要有学术会议主办部门的证明页。

"著作"审查以有正规的出版社为准。佐证材料要求著作封面、版权页、编委页、目录页、正文节选、出版单位出具的字数证明。

注：论文、著作、技术报告等审查要求：

（1）论文类提供：期刊（公开出版的会议论文集）封面、版权页、目录页、论文正文、SCI（EI）检索证明以及**权威网站查询的收录情况截图。**

（2）著作类提供：封面、版权页、编委页（本人角色页）、目录页、正文节选。

（3）教材或技术手册类提供：封面、版权页、编委页（本人角色页）、目录页、正文节选。

14. 技术标准/规范/报告等

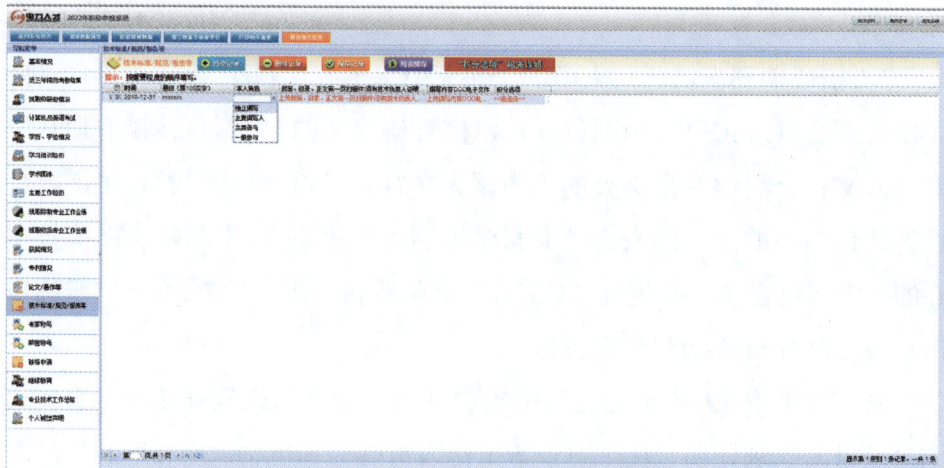

注："技术报告"应为申报者在当时完成专业技术项目之后，对完成或解决某项具体技术工作问题的报告。申报时需提供专业技术负责人的证明（或鉴定意见）。

申报时须提供专业技术负责人的证明（或鉴定意见）。每个技术报告要有专业部门证明、证明人签字、专业部门盖章，扫描好作为技术报告第一页。

技术报告扫描顺序：证明页、封面（含编写人、审核人、审批人签字）、目录、正文第一页。

技术报告可以是未出版的论文、实施细则、典型经验。

技术报告是描述科学研究过程、进展、结果，或者研究过程中遇到问题的文档，可以是某项项专业工作调查报告，实施方案等，具体灵活掌握。

技术报告类提供：正式颁布的标准、导则、规范、规程封面、正文节选、本人角色页等。

研究报告、项目报告等代表性成果提供：研究、项目、报告等成果封面、正文节选、本人角色页等，相关单位出具的成果应用证明。专业技术负责人的证明（或鉴定意见），证明内容包括申报人员在整个项目中参与完成的角色，参与程度，项目中具体承担工作的重要性等，并由项目负责人或技术负责人签字，项目完成单位盖章。

15. 专家称号

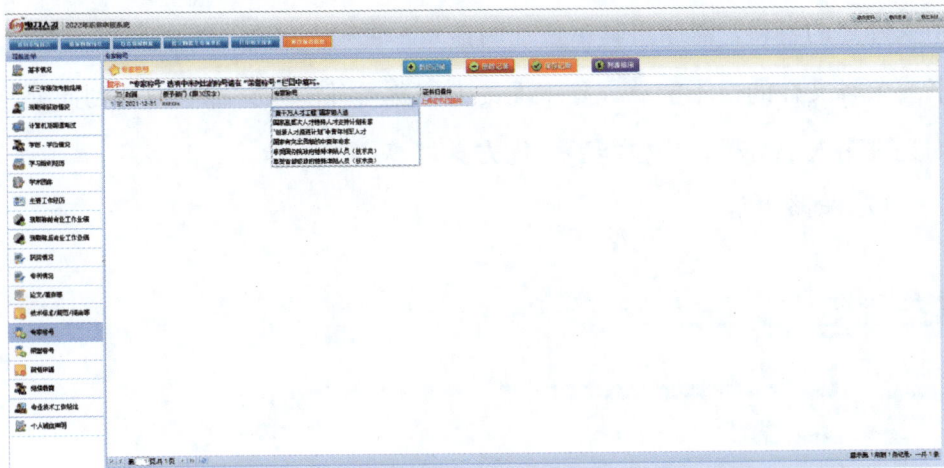

▲点击"新增",选择对应的专家称号:

"百千万人才工程"国家级人选、国家高层次人才特殊人才支持计划专家、"创新人才推进计划"中青年领军人才、国家有突出贡献的中青年专家、享受国务院政府特殊津贴人员(技术类)、享受省部级政府特殊津贴人员(技术类)。

▲上传相应表彰文件或证书等佐证材料。

▲"专家称号"选项中未列出的称号请在"荣誉称号"栏目中填写。

16. 荣誉称号

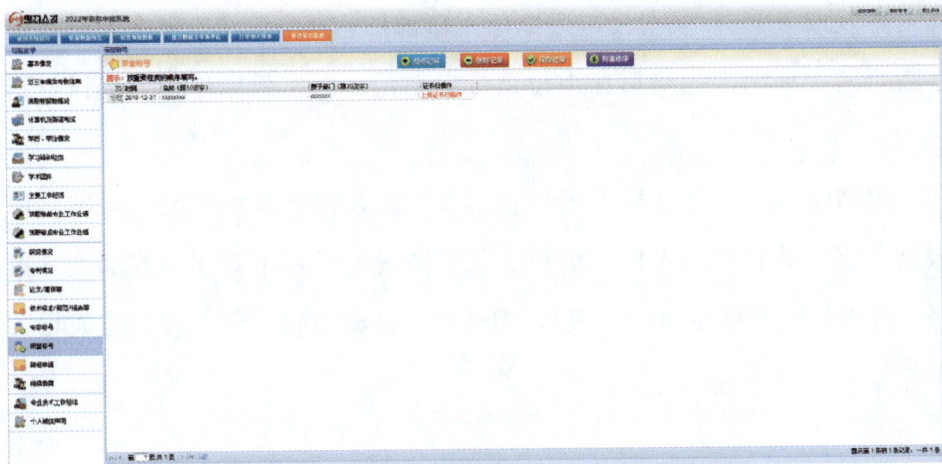

注：荣誉证书、表彰文件、各类集体荣誉中均需有本人姓名，未体现个人姓名的材料，需原出具单位证明盖章，否则不能算。不能提供荣誉证书或荣誉文件的，不能算。除上面的专家称号外的荣誉称号填写到此处，如先进个人、劳模、岗位能手、优秀党员等。

17. 破格申请

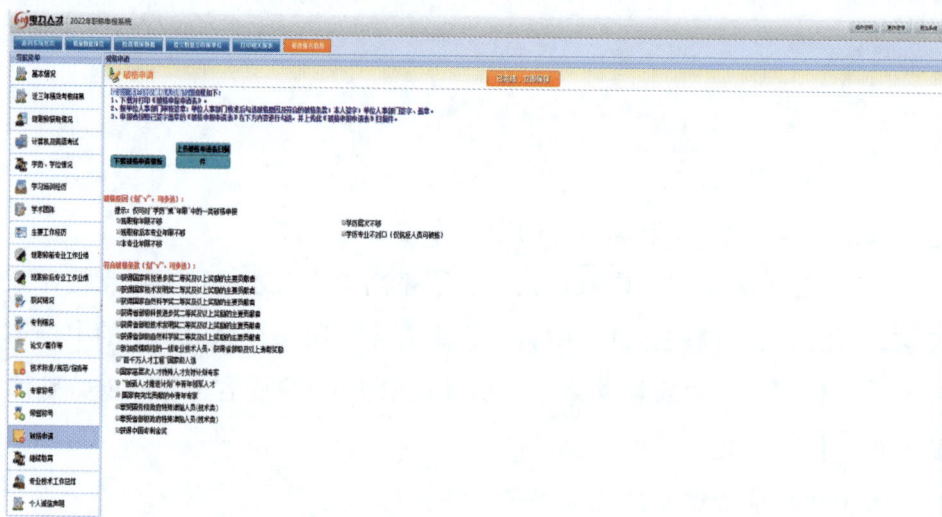

单位需提供申报人员疫情防控一线工作情况相关证明（包括工作具体内容及成效），并报省公司级单位人事部门审核、盖章。申报人员将签字盖章的"证明"扫描后在申报系统中上传，纸质版原件作为申报材料提交。

疫情防控一线专业技术人员获得省部级及以上表彰奖励，可破格申报高一级别的职称。申报人员在"获奖情况"栏目中对相应奖励进行填报，并提供《破格申请申报表》，需按照"破格申报人员"流程完成相关工作。

18. 继续教育

19. 专业技术工作总结

注：指取得现专业技术资格后的个人工作总结，系统字数上限 2000 字。

20. 个人诚信声明

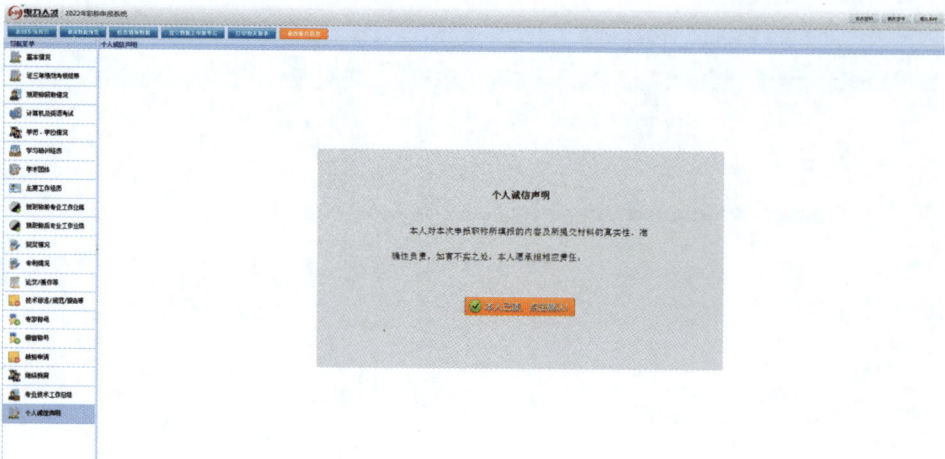

注：申报者需提交"个人诚信声明"，对填报内容及提交材料真实性、准确性负责，如有不实之处，本人需承担相应责任。实行学术造假"一票否决制"，对申报人员弄虚作假等违规违纪行为严肃处理，撤销其取得的职称，原则上 3 年不得申报，情节严重的，追究相关责任。

（四）检查及提交数据

检查填报数据，确认所有信息无误后再提交。

第二章

副高级职称评审申报

第一节　申　报　原　则

1. 公司具备技工院校教师系列副高级职称评审权，申报者需参加公司统一评审，通过其他机构评审取得不予确认。

2. 各省电力高等专科学校、电力职业技术学院从事学历教育教学工作的教师人员应申报高等学校教师相关职称（参加地方相关单位组织的评审），各省（管理、技能）培训中心从事培训教学工作的教师人员应申报技工院校教师相关职称。申报技工院校教师系列人员需取得相应教师资格。

3. 申报人员应为本单位在职专业技术人员，退休人员不得申报职称。

4. 外单位调入人员，其职称若为具有职称评审权的单位评定或认定的，予以承认；否则，需履行职称评定工作程序，重新评定。

第二节　申　报　资　格

系列	职称名称	学历要求	年限要求			绩效考核	继续教育	评定方式	其他要求	文件依据
			本科、双学士、硕士	博士	博士后					
技工院校教师系列	高级讲师/高级实习指导教师	大学本科及以上学历	取得中级职称后本专业年限满5年		取得博士学位后本专业年限满5年	近三年绩效考核结果均为C级及以上	继续教育学时（学分）达到规定要求	评审	取得相应教师资格	国家电网企管〔2022〕508号文件附件1《国家电网有限公司职称评定管理办法》

补充说明：

（一）时限要求

计算现有职称取得年限、业绩成果取得时间或从事专业技术工作年限的截止时间，均为职称申报年度的12月31日。

（二）学历要求

1. 需专职从事技工院校教师系列规定的专业工作。

2. 具备专业不对口的学历，需取得2门及以上大专层次专业对口的专业课程自学考试单科结业证书，或华北电力大学电气工程专业课程研修班结业证书可参加副高级职称评审。

3. 申报技工院校教师系列：技工院校预备技师（技师）班毕业，可按相当于本科学历申报。

4. 确实经过中央党校、各省（市、区）党校和境外院校规定学时、课时的学习（有学籍档案），所取得的学历、学位与国民教育学历具有同等效用，在职称评定中应予以承认。

（三）工作年限要求

规定年限是指在取得规定学历的前提下，申报评定相应级别职称必须具备的本专业年限和现职称后本专业年限。"本专业年限"是指截止申报年度 12 月 31 日，本人参加工作后所从事的与申报系列一致的专业技术工作累积年限之和。"现职称后本专业年限"是指截止申报年度 12 月 31 日，取得现职称后所从事的与申报系列一致的专业技术工作累积年限之和。

1. 转系列申报。 员工工作调动或岗位调整，可申报现岗位专业对应的职称，即"转系列申报"。转系列申报同一级别职称为"**同级转评**"，转系列申报高一级别职称为"**转系列高报**"。

（1）同级转评： 现职称为非技工院校教师系列，取得现职称后，从事所转申报专业满 2 年。

（2）转系列高报： 现职称为非技工院校教师系列，需满足所转系列相应级别的年限（中级职称后本科、双学士、硕士、博士满 5 年；取得博士学位后满 5 年）要求。

2. 转业军人和原公务员， 属于首次参加职称评定的人员，需严格执行规定学历前提下的"本专业年限"：本科毕业后满 10 年，取得硕士学位后满 8 年、取得博士学位后满 2 年、可直接申报评定副高级职称。

3. 破格申报条件。 对于不具备规定学历或年限要求的申报人员，符合下列条件之一，可破格申报副高级职称。

（1）获得省部级科技进步奖、技术发明奖、自然科学奖二等奖及以上奖励的主要贡献者。

（2）享受省部级政府特殊津贴人员等省部级人才。

4. 疫情防控一线专业技术人员**可提前一年**申报副高级职称；获得省部级及以上表彰奖励，**可破格申报高一级别**的职称。

注：疫情防控一线工作情况相关证明及奖励仅 2020 年、2021 年、2022

年有效。

注：公司抗疫一线人员主要指参与抗疫重大项目建设（如雷神山、火神山、方舱医院等电力设施建设、改造及保电工作）、进驻疫情隔离区救护（入赴武汉医疗救护、国外专援）、重要科技项目研发（如疫病防治、疫苗生产关键核心技术研究等）人员。

注：疫情优惠政策不适用于技工院校学历人员和用于申报转系列评审。即疫情优惠政策仅破格年限不破格学历（来自备注）。

5. 援藏援疆援青人员职称申报参照国家相关规定执行。

注：援即援派期间工作可算作本专业（申报专业）工作年限计入。

注：**援藏援疆援青**人员申报政策遵循保密制度，该类人员申报请咨询上级。

（四）文化、技术理论课教师的工作职责及任职条件

1. 高级讲师的工作职责

熟练地担任两门或两门以上课程的教学工作和组织实验室及生产实习教学工作，负责指导本专业的教学研究、撰写学术或技术论文，主持编写质量较高的教材和教师的培训提高工作，担任学生的政治思想工作或教学实习、社会调查等方面的组织管理工作，较热练地承担用一种外国语翻译本专业书籍、资料的任务。

2. 高级讲师的任职条件

（1）具有大学本科毕业以上学历，担任讲师职务五年以上，能联系实际进行比较深入的研究工作（包括主编质量高的教材等），或者在生产技术方面有较大的贡献，能指导提高讲师的业务水平。

（2）能熟练地担任二门或二门以上课程的讲授和全部教学工作，教学工作经验丰富，教学质量高，能起到学科带头人的作用。

（3）熟练地掌握一门外国语。

（五）生产实习课指导教师的工作职责及任职条件

1. 高级实习指导教师的工作职责

熟练地担任生产实习、工艺学理论课的教学工作,组织指导本工种(专业)生产实习教学研究和技术革新,撰写有一定质量的论文和教学经验总结；主持编写较高质量的教材,指导和提高三级、二级、一级实习指导教师的业务技能；承担学生职业道德,文明生产,安全生产的教育工作和生产实习课教学的组织管理工作.承担用一种外国语翻译本专业一般资料的任务。

2. 高级实习指导教师的任职条件

（1）大学专科毕业,担任一级实习指导教师五年以上,并已取得大学本科毕业学历,熟练地担任本工种（专业）生产实习课及工艺学理论课的教学工作,教学经验丰富,教学质量高,能主持编写质量高的生产实习课教材,有独特、高超的技艺,在生产和技术革新方面或在实习教学中成绩卓著。

（2）掌握一门外国语。

（六）继续教育要求

根据《国家电网有限公司专业技术人员继续教育管理规定》（国家电网企管〔2021〕70 号）,专业技术人员申报职称需满足继续教育学时要求,职称认定前 1 年和评定前 3 年的继续教育年度学时不达标的,不得申报。

年度继续教育时间不少于 90 学时,其中,专业科目不少于 60 学时,且必修公需课目不少于 10 学时、必修专业科目不少于 20 学时。部分专业科目学时可通过其他形式折算获得,折算标准按照《专业技术人员继续教育专业科目学时折算标准》执行。

（七）费用要求

国网人才中心统收统支。

1. 报名费。200 元/人。申报同一专业、同一级别职称按一次性收取。

复审未通过（未达标）和评委会评审未通过人员，报名费自动转入下一年度。

2. 评审费。700元/（人·次）。

第三节 评 审 方 式

依据副高级职称评审条件，严格执行规定学历、年限及业绩要求，采取评审委员会评审方式进行评定。

第四节 评 审 流 程

（一）网上申报

（1）网上报名。 职工登录"国网人才评价中心职称管理系统"，进入"2023年职称申报专栏"，填写报名信息。网址：portal.cphr.sgcc.com.cn（内网）；www.cphr.com.cn（外网）。

（2）信息填报。 填写个人真实信息，上传本人近期免冠证件标准照片和各类佐证材料扫描件。按照系统提示，确认符合申报条件再交纳**报名费**。

（3）数据提交。 申报者在系统内将数据提交至上级"申报单位"。

（4）准备初审材料。 申报者在数据提交后，打印《职称申报初审表》《职称申报公示表》《材料清单》各1份。申报者将相关报表连同与所录入内容相对应的佐证材料的原件及复印件，送所在单位人事部门审查。

注：申报者需在申报时提交全部申报材料。各单位在复审工作开始后，以及整个评审过程中，任何人不得再补交材料。

（5）所在单位初审公示。 所在单位人事部门对申报者提交的《职称申报初审表》《职称申报公示表》、佐证材料进行审核。《职称申报公示表》

公示 5 个工作日后，人事部门在《职称申报初审表》上签字、盖章，在业绩佐证材料复印件上盖章（原件退还本人）后，将扫描件报送至申报单位（地市公司级单位）审核。

（6）申报单位审核。申报单位对上报的初审材料及系统中数据进行审核。

注：申报者需在申报时提交全部申报材料。各单位在复审工作开始后，以及整个评审过程中，任何人不得再补交材料。

（7）主管单位审核。各主管单位需登录系统对数据进行**复审**。审核确认后将数据提交至国网人才中心。

（8）在线查询复审结果。国网人才中心进行汇总审核。申报者可登录系统查询复审结果。同时，复审结果将在系统上进行公示。

（9）完成"职称申报"。

复审通过人员，通过支付宝或农业银行平台网上支付**评审费**，系统显示"已交费"状态后，申报者可打印《职称评定表》。交纳评审费超过时限，视为自愿放弃当年评审资格。

（二）提交《评定表》

（1）打印《职称评定表》《材料清单》，将评定表装档案袋并封面粘贴《材料清单》后报送所在单位人事部门审核签章。

（2）所在单位人事部门审核材料并报送申报单位。

（3）申报单位对材料审核签章并报送主管单位。

（4）主管单位对材料审核签章并进行汇总。

（三）评审阶段

评委专家开展评审工作。

（四）公开审查阶段

评审通过名单公示 5 个工作日。

（五）发文认证阶段

国网人才中心印发职称通过文件、制发职称证书并将通过职称评定名单转入"历年职称备查库"。

第五节 系统操作说明（以 2021 年度申报为例）

（一）注册登录

用 Google 浏览器登录电力人才网站 www.cphr.com.cn 内外网同步。

填写个人基本信息，其中工作单位填写劳动合同单位的全称。

网上报名

1.填写个人基本信息	2.选择个人申报专业	3.再次确认填报信息

姓　　名：

身份证号：

单位类型： 国家电网有限公司 ▼

申报单位： 国网浙江省电力有限公司温州供电公司 ［选择单位］

（请务必正确选择"申报单位"，否则您的填报数据无法分配到对应数据库中。）

申报专业相关信息填报

申报级别： 高级或高级 ▼

专业系列：
==请选择==
电力工程技术
工业工程技术
经济专业
会计专业
新闻专业
档案专业
政工专业
卫生技术
技工院校教师

分支专业：
规划设计-输配电及用电工程
规划设计-电力系统及其自动化
施工建设-热能动力工程
施工建设-水能动力工程
施工建设-输配电及用电工程
施工建设-电力系统及其自动化
生产运行-热能动力工程
生产运行-水能动力工程
生产运行-输配电及用电工程
生产运行-电力系统及其自动化

拟评资格：
==请选择==
电力工程高级工程师

申报方式：
==请选择==
正常申报晋级
同级转评
转业军人
公务员调入

［填写好了，下一步］　［我想修改，返回上一页］

正确选择专业系列，根据本人岗位和业绩选择分支专业。与现职称资格专业方向一致，并根据满足申报条件项对应选择申报方式。"申报单位"务必正确选择本人所在地市级公司。

申报方式：含正常申报晋级、同级转评、转业军人、公务员调入等。

正常申报晋级：正常晋级申报（含转系列高报）。

同级转评：其他系列副高级职称转评为高级讲师或高级实习指导教师。

转业军人：首次参加职称评定的军队转业干部。

公务员调入：首次参加职称评定的原公务员身份人员。

确认个人信息无误后提交。注册完成后进行个人登录。如果往年报过，重新注册后，往年填写的内容会自动同步到本人账户里。

（二）报名缴费

在业绩提交前及时完成报名费缴费。完成缴费后，状态显示"已缴费"。

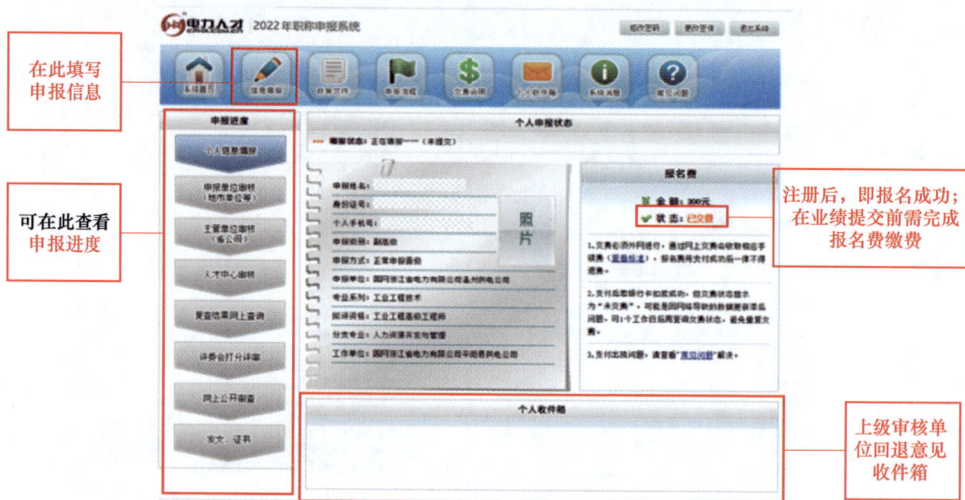

（三）信息填报

1. 基本情况

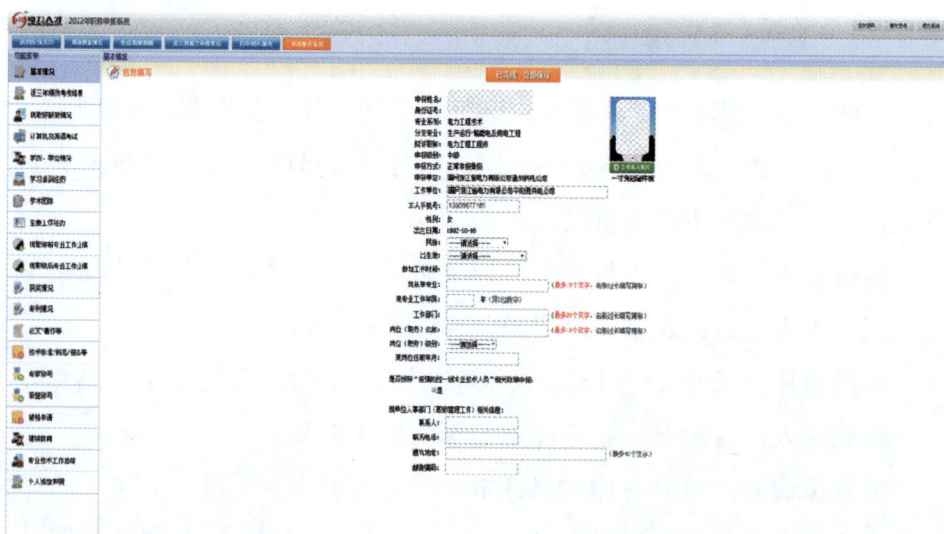

▲"现从事专业"是指现从事与申报专业相关的专业。

▲"现专业工作年限"是指截止申报年度 12 月 31 日，本人参加工作后所从事的与申报系列一致的专业技术工作累计年限之和。

2. 近三年绩效考核结果

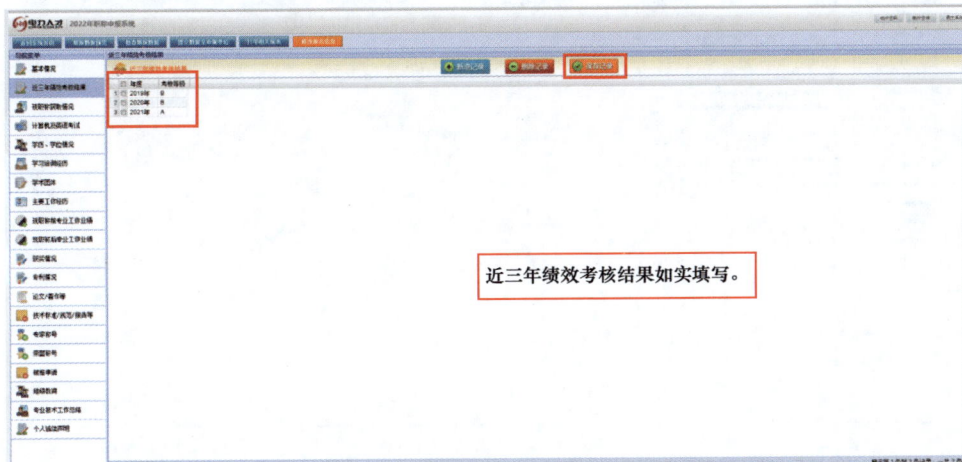

▲如实填写近三年绩效考核结果。

3. 现职称获取情况

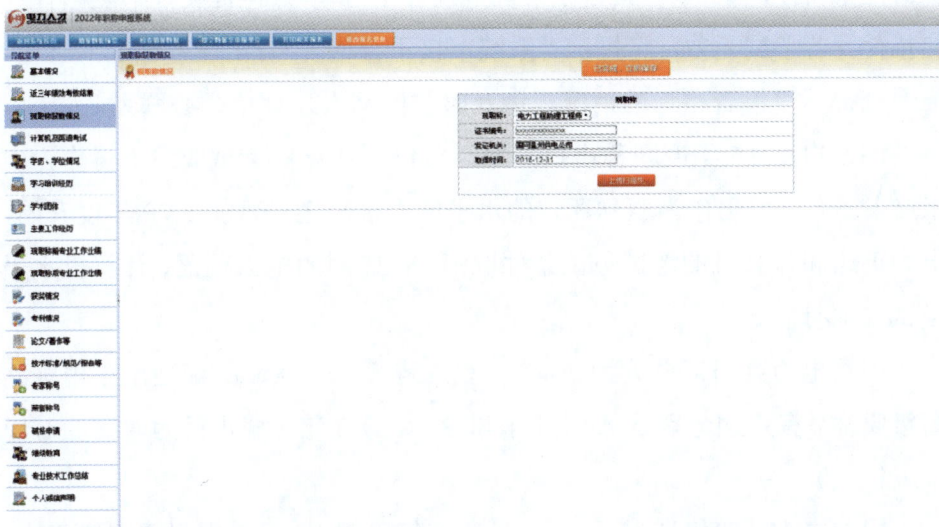

▲正确输入现职称/技能等级证书信息。证书扫描件包括编码页、照片页、姓名页及主要信息页，并确保扫描件清晰、方向端正。

▲系统中提交附件格式要求：格式：JPG.PNG；命名：不能含有中文。数字、字母构成。

4. 计算机及英语考试

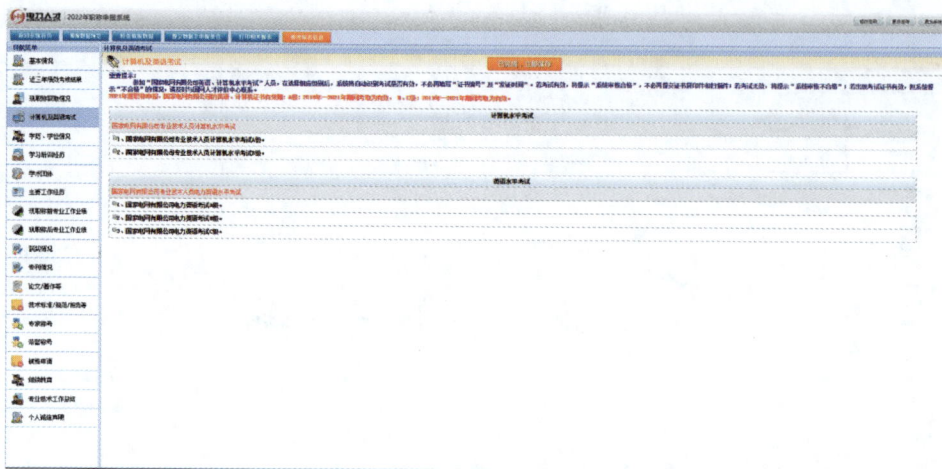

参加"国家电网有限公司英语、计算机水平考试"人员，在选择相应级别后，系统将自动识别考试是否有效，不必再填写"证书编号"及"发证时间"。若考试有效将提示"系统审核合格"，不必再提交证书复印件和扫描件；若考试无效，将提示"系统审核不合格"；若出现考试证书有效，但系统提示"不合格"的情况，请及时与国网人才评价中心联系。

注：自 2016 年度职称申报开始，英语、计算机考试成绩不再作为申报必备条件，但仍作为职称评定的水平能力标准之一。自 2020 年度开始，电力英语和计算机的考试免试条件取消，仅国网的电力英语、计算机水平考试成绩有效。

国网电力**英语**证书分为 A、B、C 三个等级，A、B 级适用于申报副高级职称。有效期分别是 A 级 4 年和 B、C 级 3 年（截止日为取证的对应年限年底）。

国网电力**计算机**证书分为 A、B 两个等级，均适用于申报副高级职称。有效期分别是 A 级 4 年和 B 级 3 年（截止日为取证的对应年限年底）。

5. 学历、学位情况

▲填写学历、学位情况，上传证书扫描件，确保方向端正、清晰，并保存记录。

▲系统自动测试学历是否符合条件。就业学历为必填项，学历按照时间顺序填写，每个学历只能填写一次。

注：学历证书等审核需注意：系统要求上传原件扫描件，如原件丢失，则需所在单位人资部盖章签字后上传即有效。

6. 学习培训经历

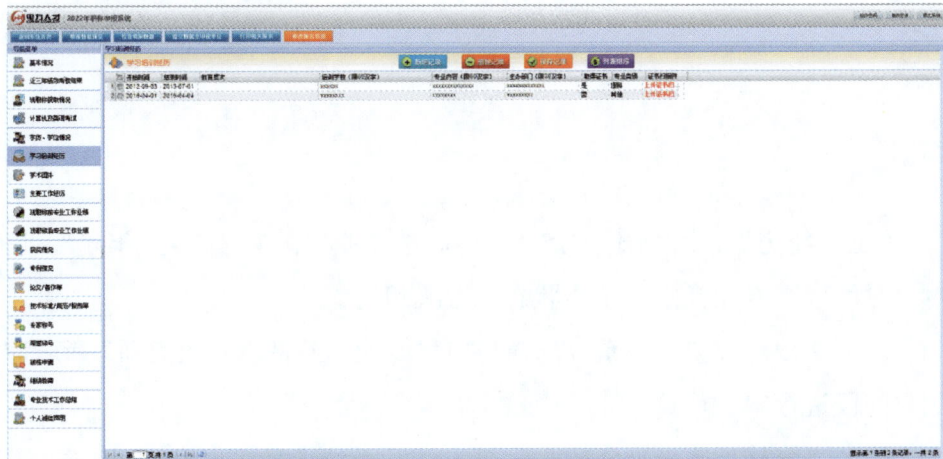

▲适当填写学习培训经历条数，包括后续学历教育、专业培训等。

注：学历证书、培训证书等审核需注意：系统要求上传原件扫描件，如原件丢失，则需所在单位人资部盖章签字后上传即有效。

7. 学术团体

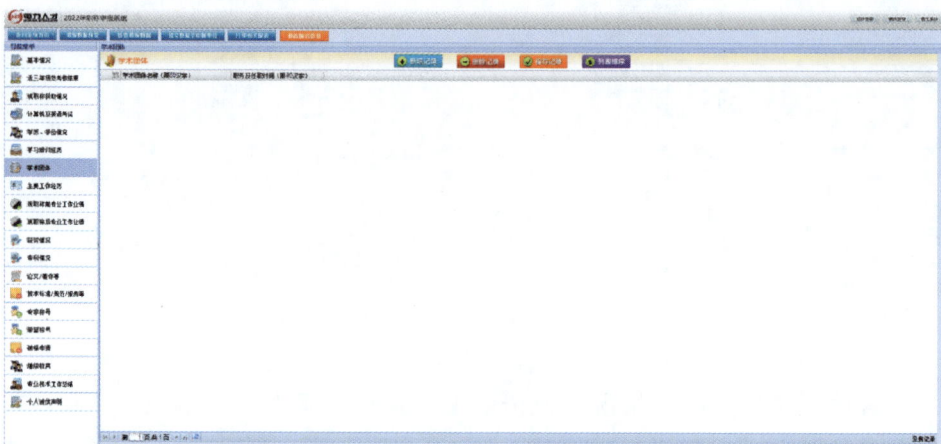

8. 主要工作经历

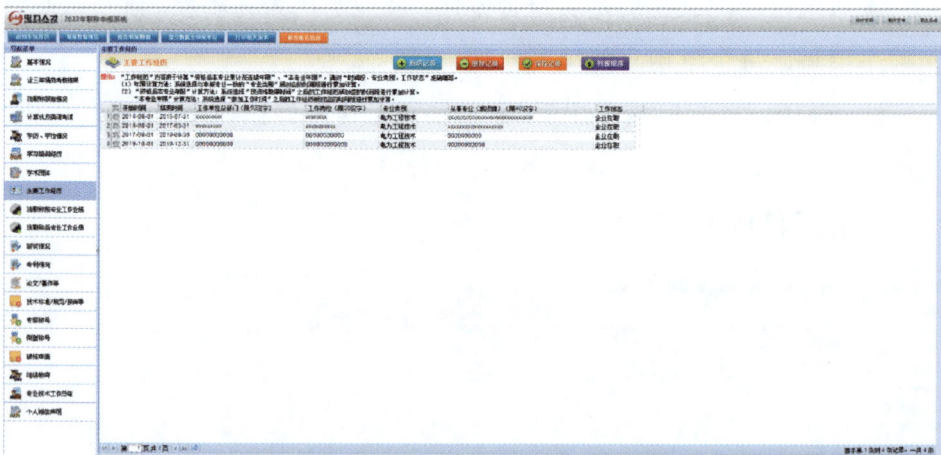

"工作经历"内容用于计算"资格后本专业年限""本专业年限"，请对"时间段、专业类别、工作状态"准确填写。

（1）年限计算方法：系统选择与申报专业一致的"专业类别"所对应的时间段进行累加计算。

（2）"资格后本专业年限"计算方法：系统选择"现资格取得时间"

之后的工作经历所对应的时间段进行累加计算。

9. 现职称前专业工作业绩

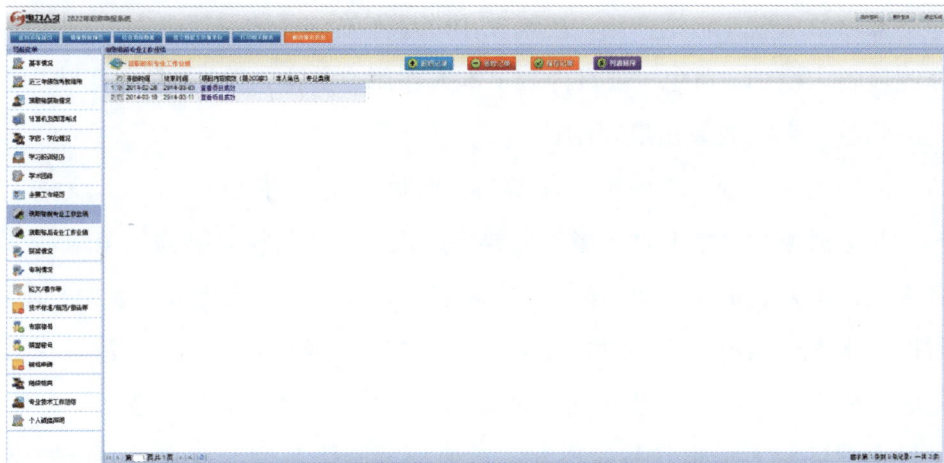

▲取得现职称之前的业绩。职称前专业工作业绩要与工作经历对应写，按要求对应填写工作业绩（主要填写与申报专业相符的业绩）。

▲项目成效：上限300字。建议格式为角色＋项目内容＋本人作用＋结论，从创新性、影响力、经济效益、收益成果角度写结论。

佐证上传要求：专业部门盖章的证明页面及证明材料。

注：按本人角色重要程度填写。

10. 现职称后专业工作业绩

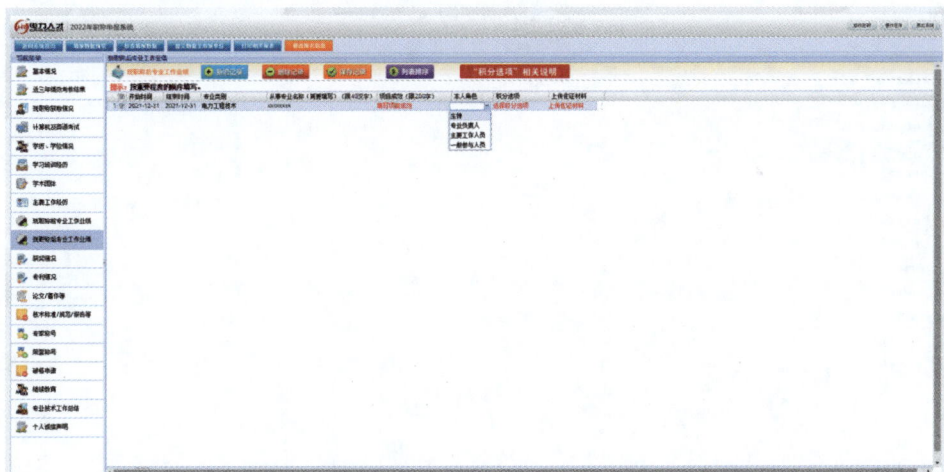

　　▲取得现职称之后的业绩。注意积分选项要均匀分布（尽可能涉及多个积分序号）。从事专业名称：从申报的分支专业角度填报。

　　▲项目成就：总结归纳，控制在 100 字左右。具体填写内容可根据积分选项要求归纳。角色＋项目内容＋本人作用＋结论。从创新性、影响力、经济效益、收益成果角度写结论。

　　佐证上传要求：专业部门盖章的证明页面及证明材料。

　　业绩成果的"主要贡献者（主要完成人）"，需是排名靠前的第一、二完成人及主要完成（参加）者。若排名靠后，但确系主要完成（参加）者，需提供本人所在单位主管部门出具的正式文件。该文件，需后附第一、二完成人分别亲自撰写并签名的"证明书"。文件及"证明书"需表明在该项目中被证明人承担任务的内容、重要程度及排名位次和排名靠后的原因，以及其他获奖人员名单（如获奖人数超过 15 人，可仅列出前 15 人名单并注明获奖总人数）。

　　11. 获奖情况

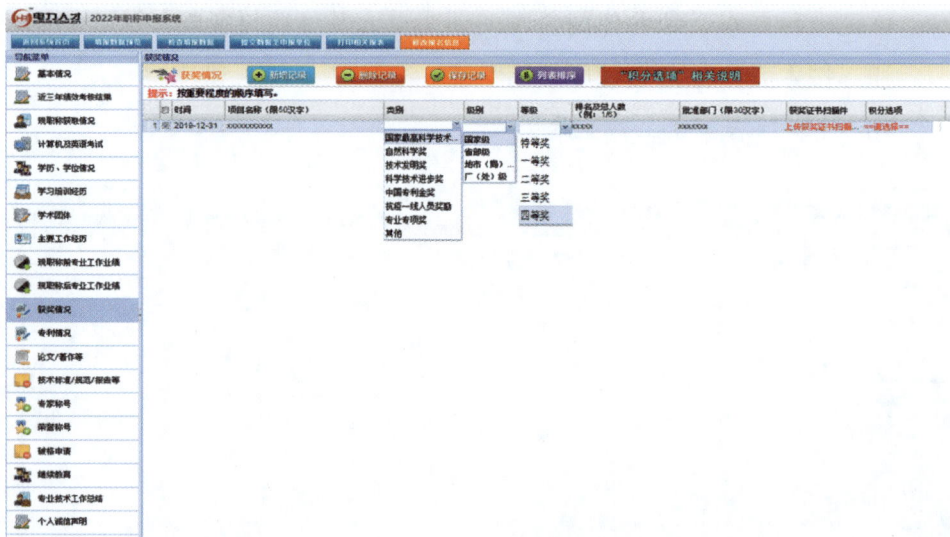

获奖等级：根据实际获奖等级对应选择；其他等级均按最低奖项选择。同一项成果多次获奖，只选最高级别。

*获奖类别供审核时参考：国家最高科学技术奖、自然科学奖、技术发明奖、科学技术进步奖、中国专利金奖、抗疫一线人员奖励、专业专项奖（优秀设计、优质工程）、其他。佐证材料需提供获奖证书或文件（获奖正式文件必须有获奖项目和成员姓名等信息）。

*获奖级别供审核时参考：

（1）**国家级**：国家科学技术进步奖包括国家自然科学奖、国家科技进步奖、国家技术发明奖三类，其他奖项不计作国家级奖项。

（2）**省部级（含行业级、国网公司级）**：国家电网公司设立的科学技术进步奖、技术发明奖、技术标准创新贡献奖、专利奖、管理创新成果奖、软科学成果奖等奖项；省级单位颁发的奖项；各部委（国家级行业）设立的奖项；中国电机工程学会、中国电力企业联合会等省部级行业协（学）会颁发的奖项、科技部公布的社会力量设立科学技术奖项；中国企业联合会颁发的全国企业管理现代化创新成果奖。

（3）**地市级（含省公司级）**：各省公司颁发的科技进步奖、管理创新成果奖等奖项；各地市设立的奖项；各省厅局级设立的奖项；各省行业协会（学会）的专业奖。

（4）**厂处级（含地市公司级、省公司直属单位级）**：地市公司，省公司直属单位设立的科技成果奖项和管理创新成果奖等奖项。

（5）**其他**：国家知识产权局设立的中国专利金奖按省部级一等奖计分，中国专利奖、中国专利优秀奖按省部级二等奖计分。其他未标明奖项等级的优秀奖、优质奖、特别奖、创新奖、进步奖、管理创新成果奖等奖项，按同级别三等奖处理。

12. 专利情况

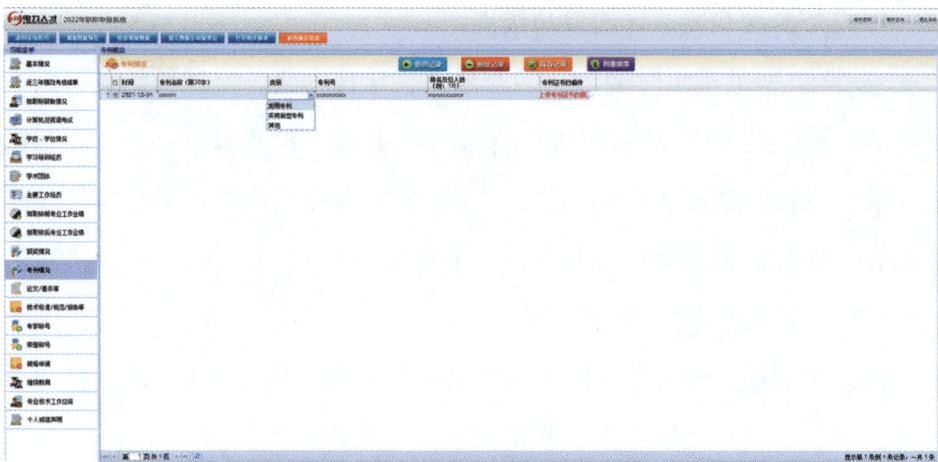

注：仅限于已授权且在有效期内的专利，海外专利不予认可。需提供专利授权证书。

13. 论文/著作等

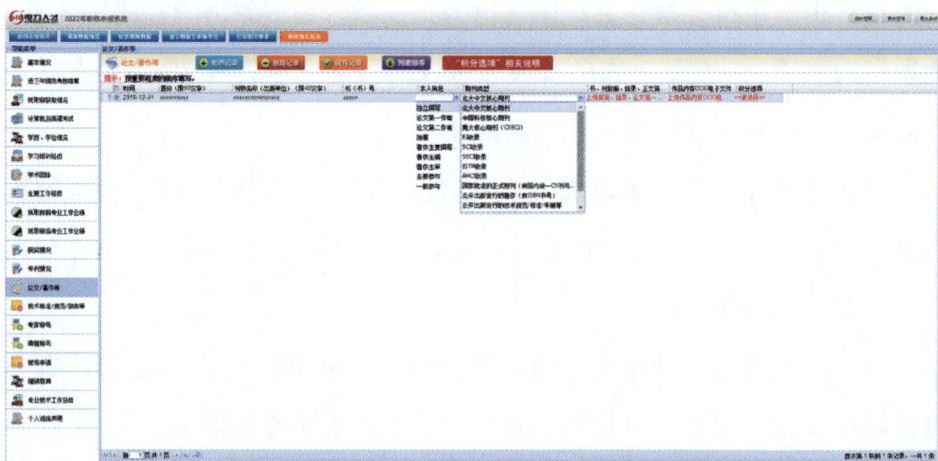

注：严厉打击论文代写代发、虚假刊发等违纪违规行为，对于抄袭、剽窃、不当署名等学术不端行为，按照有关规定处理，撤销取得的职称，并记入职称申报评审诚信档案库。申报者提交的论文和技术报告等作品应为取得现职称后撰写且与申报专业相关，内容不相关的作品属无效作品。

其中：

论文或著作必须是正式发表或出版，录用通知不予认可。申报时需提供书、刊的封面、目录（交流或评选的证书）和本人撰写的内容，不必将整本书、刊一同提交，**其中，论文佐证材料还需提供权威网站查询的收录情况截图。内容包括：**

（1）国家科技图书文献中心、中国知网、万方数据知识服务平台检索的同期期刊封面。

（2）上述网站检索的同名期刊基本信息截图。

（3）上述网站检索的同期期刊内本篇文章收录截图。

注：以下为常见的假期刊名称：《科学与生活》（汉语版）、《电力设备》（2008 年已停刊）、《中国电业》（杂志名称只有"中国电业"四个字）、《中国电业－发电》《中国电业技术》《当代电力文化》（旬刊、半月刊）

*"核心期刊"以北京大学的"北大中文核心期刊"、南京大学的"南大核心期刊（CSSCI）"、中国科学技术信息研究所的"中国科技核心期刊"、中国人文社会科学学报学会的"中国人文社科学报核心期刊"、中国社会科学评价中心的"中国人文社会科学期刊评价报告"、中科院文献情报中心的"中国科学引文数据库（CSCD）来源期刊列表"目录为准。***职称申报系统已增加核心期刊查询按键。**

SCI 收录或 EI 收录的文章需提供有大学图书馆或教育部科技查新工作站盖章的收录证明，且注明查新工作人员姓名和电话。核心期刊目录每隔几年会根据期刊的质量和权威性进行动态调整，审核人员应审核该期刊刊发当年是否在核心期刊目录总览中。

"有正式刊号的普通期刊"审查以封面或版权页上有 ISSN 和 CN 的组合字样出现为准。可在国家新闻出版署或中国知网、万方数据等期刊数据登录网站查到。

"省（市、区）批准的内部准印期刊"审查以封面或版权页上有"X内资准字"出现为准（如：《电力人力资源》，为"京内资准字9908－L0825"）。

"**学术会议上发表**"必须要有学术会议主办部门的证明页。

"**著作**"审查以有正规的出版社为准。佐证材料要求著作封面、版权页、编委页、目录页、正文节选、出版单位出具的字数证明。

注：论文、著作、技术报告等审查要求：

（1）论文类提供：期刊（公开出版的会议论文集）封面、版权页、目录页、论文正文、SCI（EI）检索证明以及**权威网站查询的收录情况截图**。

（2）著作类提供：封面、版权页、编委页（本人角色页）、目录页、正文节选。

（3）教材或技术手册类提供：封面、版权页、编委页（本人角色页）、目录页、正文节选。

14. 技术标准/规范/报告等

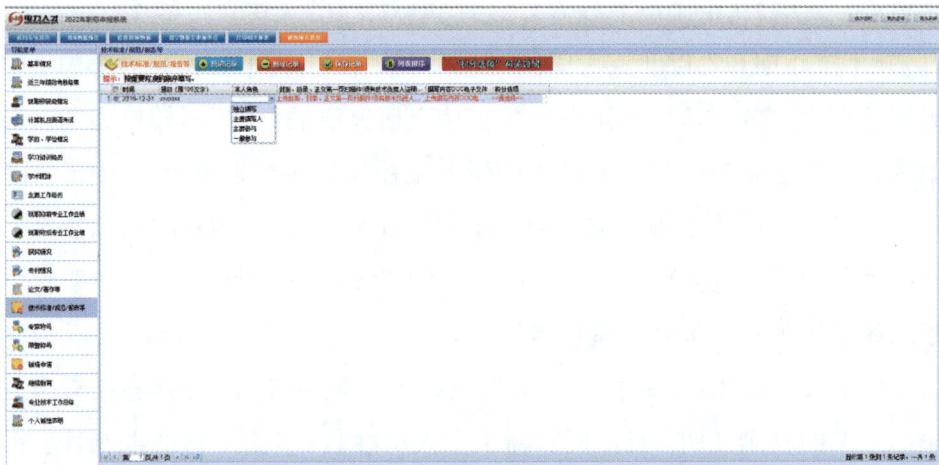

注："技术报告"应为申报者在当时完成专业技术项目之后，对完成或解决某项具体技术工作问题的报告。申报时需提供专业技术负责人的证明（或鉴定意见）。

申报时须提供专业技术负责人的证明（或鉴定意见）。每个技术报告要有专业部门证明、证明人签字、专业部门盖章，扫描好作为技术报告第一页。

技术报告扫描顺序：证明页、封面（含编写人、审核人、审批人签字）、目录、正文第一页。

技术报告可以是未出版的论文、实施细则、典型经验。

技术报告是描述科学研究过程、进展、结果，或者研究过程中遇到问题的文档，可以是某项项专业工作调查报告，实施方案等，具体灵活掌握。

技术报告类提供：正式颁布的标准、导则、规范、规程封面、正文节选、本人角色页等。

研究报告、项目报告等代表性成果提供：研究、项目、报告等成果封面、正文节选、本人角色页等，相关单位出具的成果应用证明。专业技术负责人的证明（或鉴定意见），证明内容包括申报人员在整个项目中参与完成的角色，参与程度，项目中具体承担工作的重要性等，并由项目负责人或技术负责人签字，项目完成单位盖章。

15. 专家称号

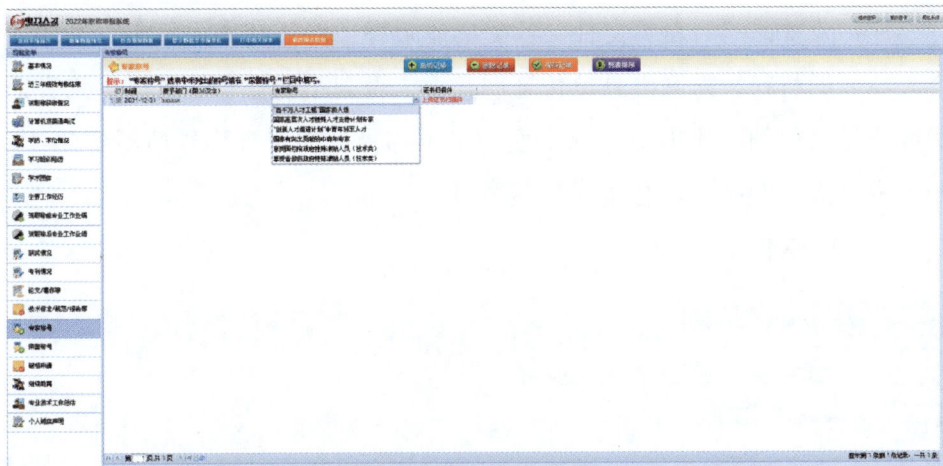

▲点击"新增"，选择对应的专家称号：

"百千万人才工程"国家级人选、国家高层次人才特殊人才支持计划专家、"创新人才推进计划"中青年领军人才、国家有突出贡献的中青年专家、享受国务院政府特殊津贴人员（技术类）、享受省部级政府特殊津贴人员（技术类）。

▲上传相应表彰文件或证书等佐证材料。

▲"专家称号"选项中未列出的称号请在"荣誉称号"栏目中填写。

16. 荣誉称号

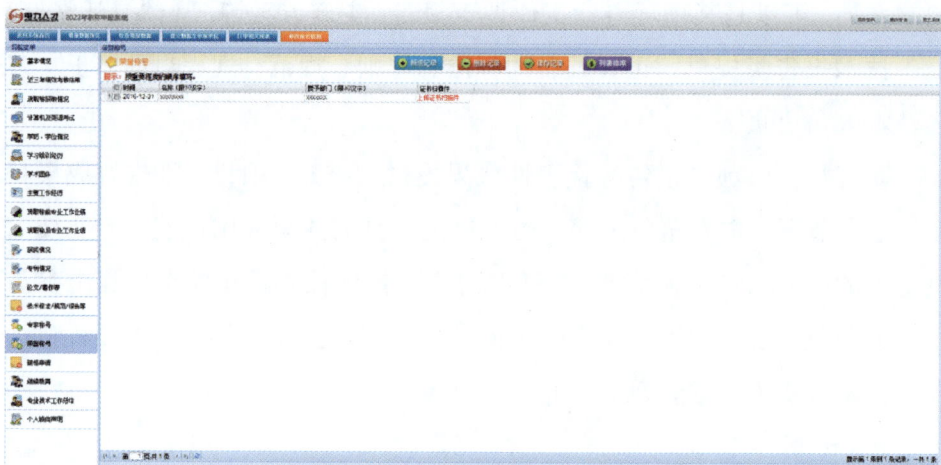

注：荣誉证书、表彰文件、各类集体荣誉中均需有本人姓名，未体现个人姓名的材料，需原出具单位证明盖章，否则不能算。不能提供荣誉证书或荣誉文件的，不能算。除上面的专家称号外的荣誉称号填写到此处，如先进个人、劳模、岗位能手、优秀党员等。

17. 破格申请

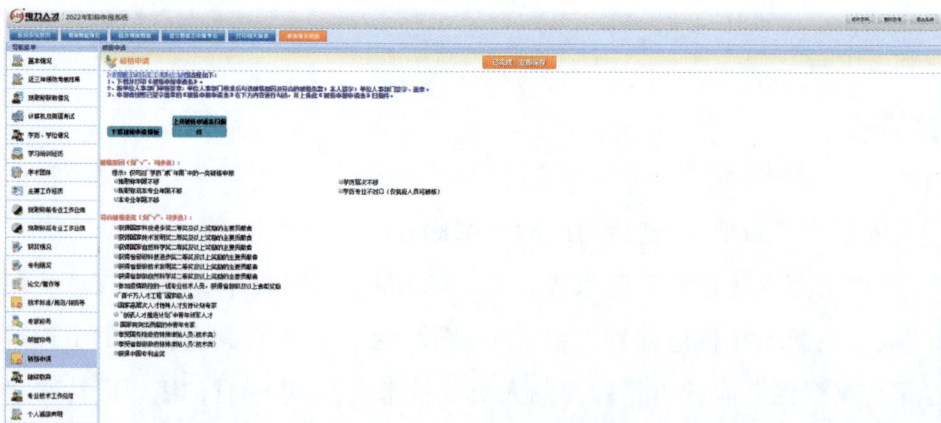

单位需提供申报人员疫情防控一线工作情况相关证明（包括工作具体

内容及成效，仅 2020 年、2021 年、2022 年有效），并报省公司级单位人事部门审核、盖章。申报人员将签字盖章的"证明"扫描后在申报系统中上传，纸质版原件作为申报材料提交。

　　疫情防控一线专业技术人员获得省部级及以上表彰奖励（仅 2020 年、2021 年、2022 年有效），可破格申报高一级别的职称。申报人员在"获奖情况"栏目中对相应奖励进行填报，并提供《破格申请申报表》，需按照"破格申报人员"流程完成相关工作。

　　18. 继续教育

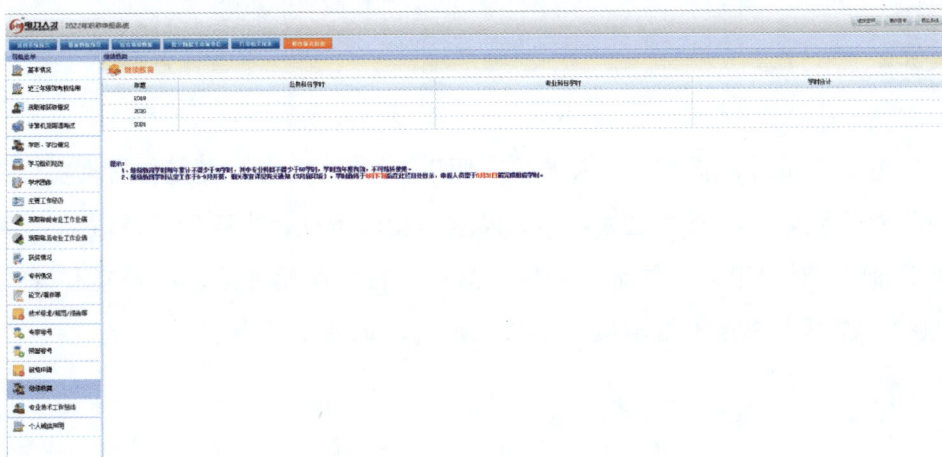

　　19. 专业技术工作总结

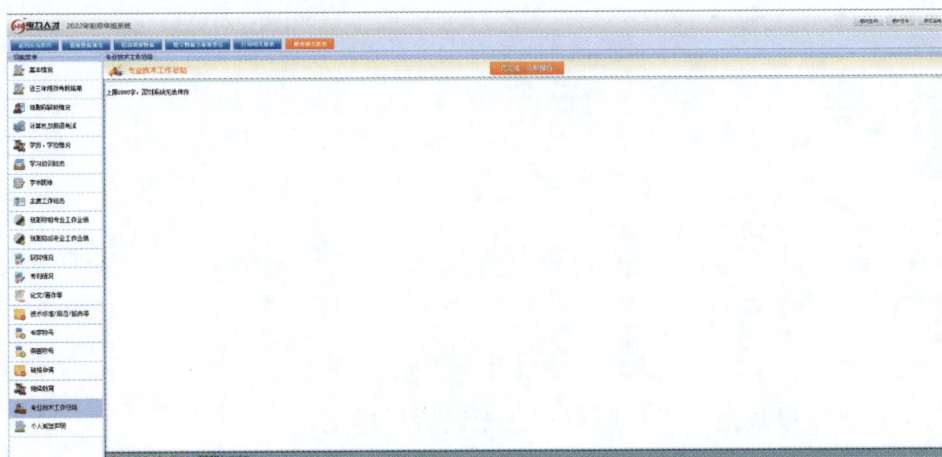

注：指取得现专业技术资格后的个人工作总结，系统字数上限2000字。

20. 个人诚信声明

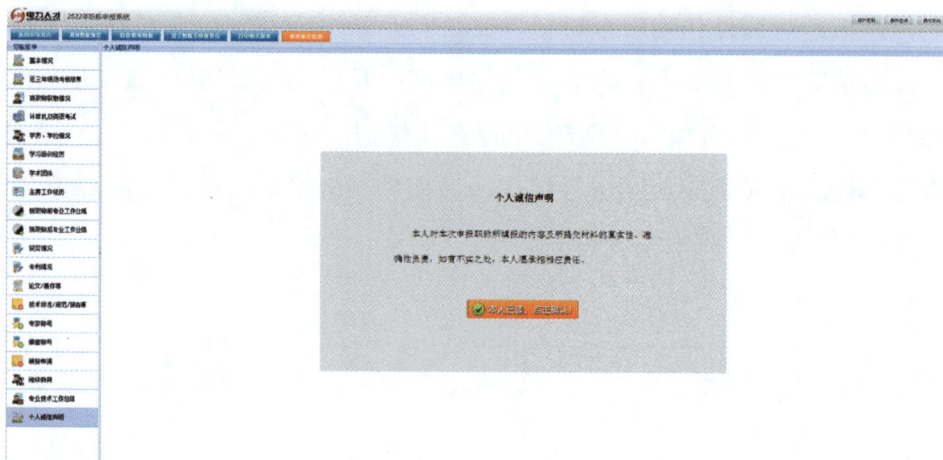

注：申报者需提交"个人诚信声明"，对填报内容及提交材料真实性、准确性负责，如有不实之处，本人需承担相应责任。实行学术造假"一票否决制"，对申报人员弄虚作假等违规违纪行为严肃处理，撤销其取得的职称，原则上3年不得申报，情节严重的，追究相关责任。

（四）检查及提交数据

检查填报数据，确认所有信息无误后再提交。

第三章

正高级职称评审申报

第一节　申　报　原　则

1. 公司具备技工院校教师系列正高级职称评审权，申报者需参加公司统一评审，通过其他机构评审取得不予确认。

2. 技工院校教师系列正高级职称申报适用于技工院校、培训机构从事教学及相关专业技术工作的人员。

3. 各省电力高等专科学校、电力职业技术学院从事学历教育教学工作的教师人员应申报高等学校教师相关职称（参加地方相关单位组织的评审），各省（管理、技能）培训中心从事培训教学工作的教师人员应申报技工院校教师相关职称。申报技工院校教师系列人员需取得相应教师资格。

4. 申报人员应为本单位在职专业技术人员，退休人员不得申报职称。

5. 外单位调入人员，其职称若为具有职称评审权的单位评定或认定的，予以承认；否则，需履行职称评定工作程序，重新评定。

第二节　申　报　资　格

系列	职称名称	学历要求	年限要求			绩效考核	继续教育	评定方式	其他要求	文件依据
			本科	双学士、硕士	博士					
技工院校教师系列	正高级讲师/正高级实习指导教师	大学本科及以上学历	取得副高级职称后本专业年限满5年，本专业年限满15年	取得副高级职称后本专业年限满5年，本专业年限满12年	取得副高级职称后本专业年限满5年，本专业年限满7年	近三年绩效考核结果均为C级及以上	继续教育学时（学分）达到规定要求	答辩+评审	取得相应教师资格	国家电网企管〔2022〕508号文件附件1《国家电网有限公司职称评定管理办法》

补充说明：

（一）时限要求

计算现有职称取得年限、业绩成果取得时间或从事专业技术工作年限的截止时间，均为职称申报年度的 12 月 31 日。

（二）学历要求

1. 需专职从事技工院校教师系列规定的专业工作。

2. 申报技工院校教师系列：技工院校预备技师（技师）班毕业，可按相当于本科学历申报。

3. 确实经过中央党校、各省（市、区）党校和境外院校规定学时、课时的学习（有学籍档案），所取得的学历、学位与国民教育学历具有同等效用，在职称评定中应予以承认。

（三）工作年限要求

规定年限是指在取得规定学历的前提下，申报评定相应级别职称必须具备的本专业年限和现职称后本专业年限。"本专业年限"是指截止申报年度 12 月 31 日，本人参加工作后所从事的与申报系列一致的专业技术工作累积年限之和。"现职称后本专业年限"是指截止申报年度 12 月 31 日，取得现职称后所从事的与申报系列一致的专业技术工作累积年限之和。

1. 转系列申报。员工工作调动或岗位调整，可申报现岗位专业对应的职称，即"转系列申报"。转系列申报同一级别职称为"同级转评"。

申报正高级职称需取得所转系列副高级职称。如现职称为非技工院校教师系列，则取得现职称后，从事所转申报专业需满 2 年。

2. 转业军人和原公务员，属于首次参加职称评定的人员，需严格执行规定学历前提下的"本专业年限"：本科毕业后满 15 年、取得硕士学位后满 13 年、取得博士学位后满 7 年、可直接申报评定正高级职称。

3. 符合下列条件之一，可破格直接申报正高级职称。

（1）获得国家科技进步奖、技术发明奖、自然科学奖二等奖及以上奖励的主要贡献者。

（2）"百千万人才工程"国家级人选、"国家高层次人才特殊支持计划"人选、"创新人才推进计划"中青年领军人才、国家有突出贡献的中青年专家、享受国务院政府特殊津贴人员、中华技能大奖获得者、全国技术能手等国家级人才。

（3）获得中国专利金奖。

4. 疫情防控一线专业技术人员**可提前一年**申报正高级职称；获得省部级及以上表彰奖励，**可破格申报高一级别的职称。**

注：疫情防控一线工作情况相关证明及奖励仅 2020 年、2021 年、2022 年有效。

注：公司抗疫一线人员主要指参与抗疫重大项目建设（如雷神山、火神山、方舱医院等电力设施建设、改造及保电工作）、进驻疫情隔离区救护（入赴武汉医疗救护、国外专援）、重要科技项目研发（如疫病防治、疫苗生产关键核心技术研究等）人员。

注：疫情优惠政策不适用于技工院校学历人员和用于申报转系列评审。即疫情优惠政策仅破格年限不破格学历（来自备注）。

5. 援藏援疆援青人员职称申报参照国家相关规定执行。

注：援即援派期间工作可算作本专业（申报专业）工作年限计入。

注：**援藏援疆援青**人员申报政策遵循保密制度，该类人员申报请咨询上级。

（四）教学成果要求

取得高级讲师（高级实习指导教师）职称后，具备下列教学成果中两项及以上：

1. 主持或作为核心骨干组织技工院校或培训机构教学管理变革、一体化教学和云教学等改革、教学评估类或申报示范性与优秀院校、宏观教学研究等工作，并获得省部级及以上表彰奖励。

2. 主持教研团队或作为核心骨干组织开发完成省部级及以上的精品课程或网络共享课程或教学资源库1项及以上。

3. 最近三年坚持师带徒，主持建设并经过省部级及以上发布的实训基地1个及以上，或主持、组织过校企融合团队对企业技改、科技项目攻关且经过省部级及以上相关部门鉴定验收或表彰奖励。

4. 教师本人参加教师说课、微课、示范课、教案、课件制作等教学类大奖赛取得省部级二等奖或国家级优胜奖及以上奖励。

5. 教师本人参加技能竞赛获省部级技能大赛二等奖及以上奖励，或中华技能大奖赛和全国技术能手省部级分赛二等奖及以上或国家级赛优胜奖及以上荣誉称号。

6. 作为排名第一的教师，指导职工或学生参加本专业相关的技能竞赛，获省部级技能大赛一等奖及以上或国家级赛三等奖及以上奖励。

7. 主持的科技项目获得国家级科技进步奖优秀奖及以上或省部级科技进步三等奖及以上或省部级教学成果奖一等奖及以上；主持省部级及以

上课题研究 1 项或参与省部级及以上揭牌科研项目 1 项（前三名）并通过结题或验收。

8. 作为第一发明人，获得与所从事专业或教学有关的发明专利 2 项及以上。

9. 组建以教师本人为核心的省部级及以上的技能大师工作室团队或省部级及以上发布的校企融合教学工作团队。

（五）作品成果要求

取得高级讲师（高级实习指导教师）职称后，具备下列作品成果之一：

1. 独立或作为第一作者，在中文核心期刊上正式发表或被 SCI、EI、SSCI 收录的本专业教育教学研究论文或学术论文 1 篇及以上。

2. 独立或者作为第一作者正式出版学术专著 1 本，或作为主编公开出版教材 1 本，或作为排名第二的编者公开出版教材 2 本，且广泛使用，效果良好。

3. 主持或主笔（前三名）编写省部级及以上职业教育与职业培训类标准、规范、规程等，并颁布实施或公开发行。

（六）继续教育要求

根据《国家电网有限公司专业技术人员继续教育管理规定》（国家电网企管〔2021〕70 号），专业技术人员申报职称需满足继续教育学时要求，职称认定前 1 年和评定前 3 年的继续教育年度学时不达标的，不得申报。

年度继续教育时间不少于 90 学时，其中，专业科目不少于 60 学时，且必修公需课目不少于 10 学时、必修专业科目不少于 20 学时。部分专业科目学时可通过其他形式折算获得，折算标准按照《专业技术人员继续教育专业科目学时折算标准》执行。

（七）费用要求

国网人才中心统收统支。

1. 报名费。200 元/人。申报同一专业、同一级别职称按一次性收取。复审未通过（未达标）和评委会评审未通过人员，报名费自动转入下一年度。

2. 评审费。800 元/（人·次）。

第三节　评　审　方　式

依据正高级职称评审条件，严格执行规定学历、年限及业绩要求，采取面试答辩和评审委员会评审方式综合进行评定。

（一）答辩程序

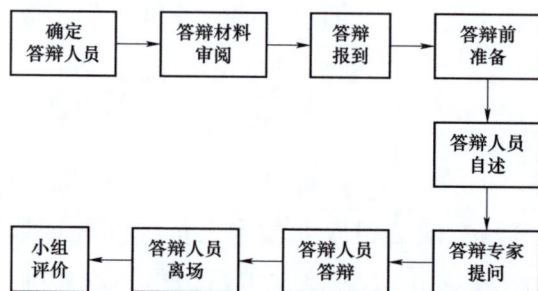

（二）答辩标准

熟练掌握本专业的知识，并对从事的专业方向（或工作领域）有深入的研究；熟悉本专业的国内外技术水平、市场信息和发展趋势；熟悉主要相关专业的有关知识及其国内外的现状和发展趋势。

第四节　评审流程

（一）网上申报

（1）网上报名。职工登录"国网人才评价中心职称管理系统"，进入"2023 年职称申报专栏"，填写报名信息。网址：portal.cphr.sgcc.com.cn（内网）；www.cphr.com.cn（外网）。

（2）信息填报。填写个人真实信息，上传本人近期免冠证件标准照片和各类佐证材料扫描件。按照系统提示，确认符合申报条件再交纳**报名费**。

（3）数据提交。申报者在系统内将数据提交至上级"申报单位"。

（4）准备初审材料。申报者在数据提交后，打印《职称申报初审表》《职称申报公示表》《材料清单》各 1 份。申报者将相关报表连同与所录入内容相对应的佐证材料的原件及复印件，送所在单位人事部门审查。

注：申报者需在申报时提交全部申报材料。各单位在复审工作开始后，以及整个评审过程中，任何人不得再补交材料。

（5）所在单位初审公示。所在单位人事部门对申报者提交的《职称申报初审表》《职称申报公示表》、佐证材料进行审核。《职称申报公示表》公示 5 个工作日后，人事部门在《职称申报初审表》上签字、盖章，在业绩佐证材料复印件上盖章（原件退还本人）后，将扫描件报送至申报单位（地市公司级单位）审核。

（6）申报单位审核。申报单位对上报的初审材料及系统中数据进行审核。

注：申报者需在申报时提交全部申报材料。各单位在复审工作开始后，以及整个评审过程中，任何人不得再补交材料。

（7）主管单位审核。各主管单位需登录系统对数据进行**复审**。审核确认后将数据提交至国网人才中心。

（8）在线查询复审结果。国网人才中心进行汇总审核。申报者可登录系统查询复审结果。同时，复审结果将在系统上进行公示。

（9）完成"职称申报"。复审通过人员，通过支付宝或农业银行平台网上支付**评审费**，系统显示"已交费"状态后，申报者可打印《职称评定表》。交纳评审费超过时限，视为自愿放弃当年评审资格。

（二）提交《评定表》

（1）打印《职称评定表》《材料清单》，将评定表装档案袋并封面粘贴《材料清单》后报送所在单位人事部门审核签章。

（2）所在单位人事部门审核材料并报送申报单位。

（3）申报单位对材料审核签章并报送主管单位。

（4）主管单位对材料审核签章并进行汇总。

（三）评审阶段

依据正高级职称评审条件，严格执行规定学历、年限及业绩要求，采取面试答辩和评审委员会评审方式综合进行评定。

（四）公开审查阶段

评审通过名单公示 5 个工作日。

（五）发文认证阶段

国网人才中心印发职称通过文件、制发职称证书并将通过职称评定名单转入"历年职称备查库"。

第五节　系统操作说明
（以 2021 年度申报为例）

（一）注册登录

用 Google 浏览器登录电力人才网站 www.cphr.com.cn 内外网同步。

填写个人基本信息，其中工作单位填写劳动合同单位的全称。

电力人才
CPHR.COM.CN
国网人才评价中心职称管理系统
2022年职称申报专栏
网站首页
专栏主页 | 网上报名（注册） | 政策文件 | 评审条件/评定标准 | 申报流程 | 交费说明 | 常见问题
网上报名
1.填写个人基本信息
2.选择个人申报专业
3.再次确认填报信息
姓 名：
身份证号：
单位类型：国家电网有限公司
申报单位：国网浙江省电力有限公司温州供电公司 选择单位
（请务必正确选择"申报单位"，否则您的填报数据无法分配到对应数据库中。）
申报专业相关信息填报
申报级别：正高级
专业系列：
==请选择==
电力工程技术
工业工程技术
经济
会计
新闻
档案
卫生技术
技工院校教师
分支专业：
规划设计-输配电及用电工程
规划设计-电力系统及其自动化
施工建设-热能动力工程
施工建设-水能动力工程
施工建设-输配电及用电工程
施工建设-电力系统及其自动化
生产运行-热能动力工程
生产运行-水能动力工程
生产运行-输配电及用电工程
生产运行-电力系统及其自动化
拟评职称：
==请选择==
电力工程正高级工程师
申报方式：
==请选择==
正常申报晋级
同级转评
转业军人
公务员调入
技能人员申报职称
填写好了，下一步
我想修改，返回上一页

正确选择专业系列，根据本人岗位和业绩选择分支专业。与现职称资格专业方向一致，并根据满足申报条件项对应选择申报方式。"申报单位"务必正确选择本人所在地市级公司。

申报方式：含正常申报晋级、同级转评、转业军人、公务员调入等。

正常申报晋级：正常晋级申报。

同级转评：其他系列正高级职称转评为正高级讲师或正高级实习指导教师。

转业军人：首次参加职称评定的军队转业干部。

公务员调入：首次参加职称评定的原公务员身份人员。

确认个人信息无误后提交。注册完成后进行个人登录。如果往年报过，重新注册后，往年填写的内容会自动同步到本人账户里。

（二）报名缴费

在业绩提交前及时完成报名费缴费。完成缴费后，状态显示"已缴费"。

（三）信息填报

1. 基本情况

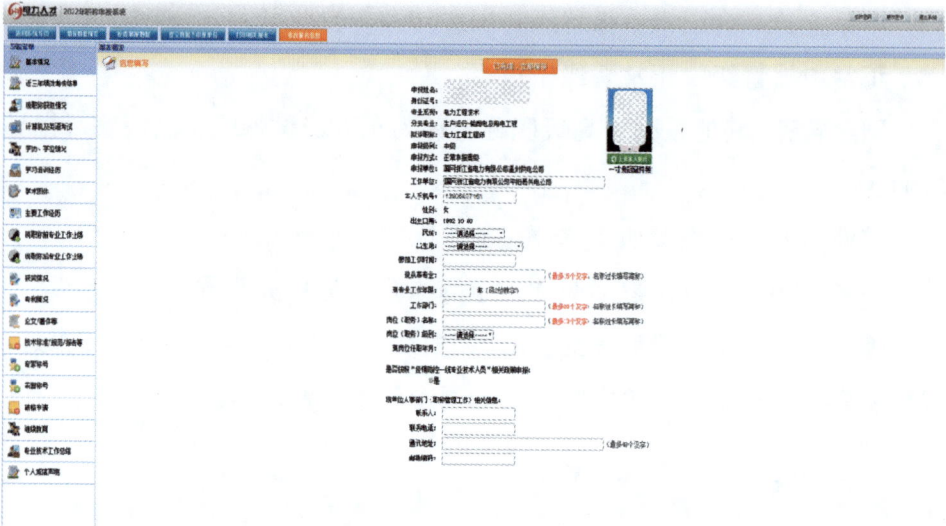

▲"现从事专业"是指现从事与申报专业相关的专业。

▲"现专业工作年限"是指截止申报年度 12 月 31 日，本人参加工作后所从事的与申报系列一致的专业技术工作累计年限之和。

2. 近三年绩效考核结果

▲如实填写近三年绩效考核结果。

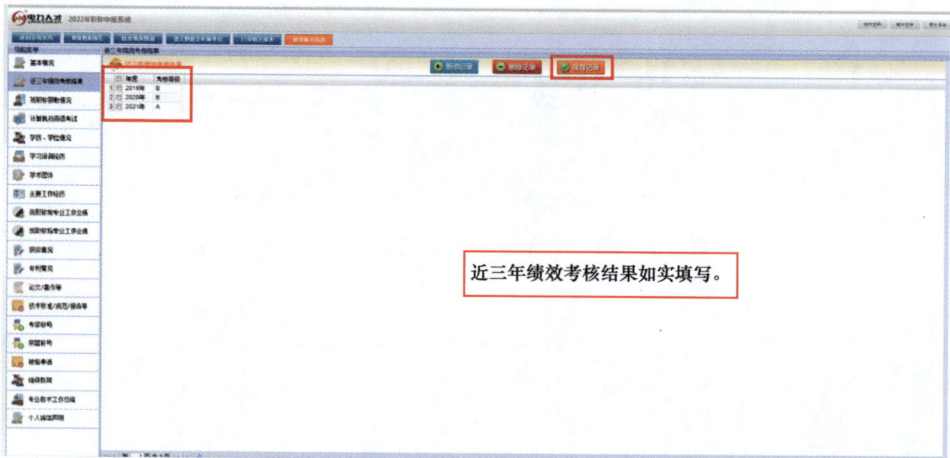

近三年绩效考核结果如实填写。

3. 现职称获取情况

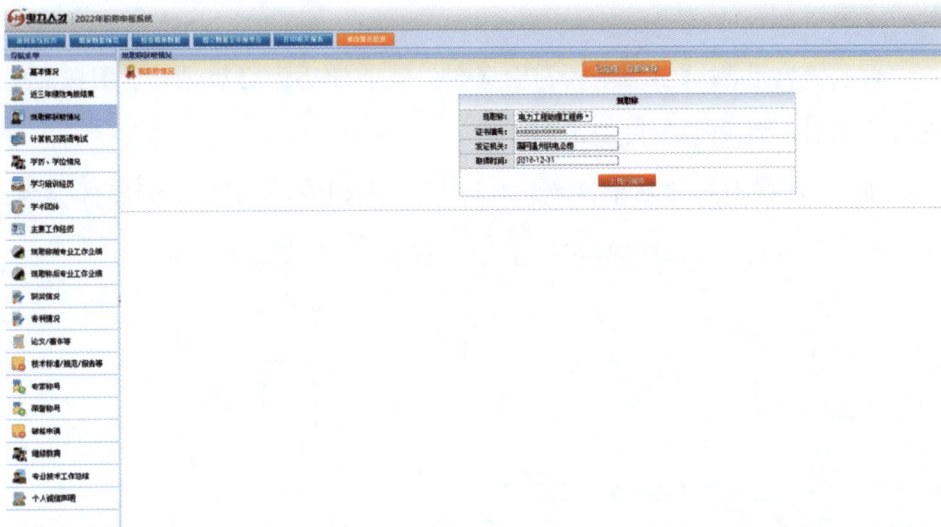

　　▲正确输入现职称/技能等级证书信息。证书扫描件包括编码页、照片页、姓名页及主要信息页，并确保扫描件清晰、方向端正。

　　▲系统中提交附件格式要求。格式：JPG.PNG；命名：不能含有中文。数字、字母构成。

4. 学历、学位情况

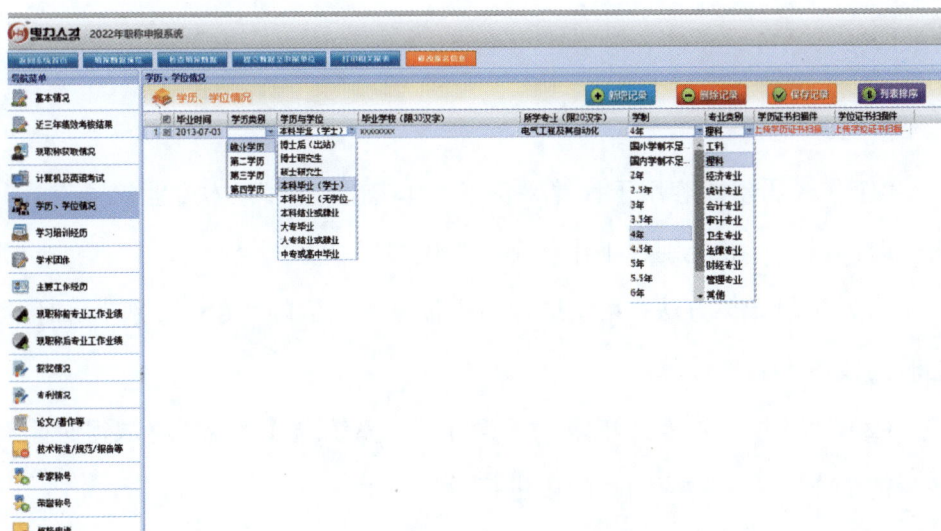

▲填写学历、学位情况，上传证书扫描件，确保方向端正、清晰，并保存记录。

▲系统自动测试学历是否符合条件。就业学历为必填项，学历按照时间顺序填写，每个学历只能填写一次。

注：学历证书等审核需注意：系统要求上传原件扫描件，如原件丢失，则需所在单位人资部盖章签字后上传即有效。

5. 主要工作经历

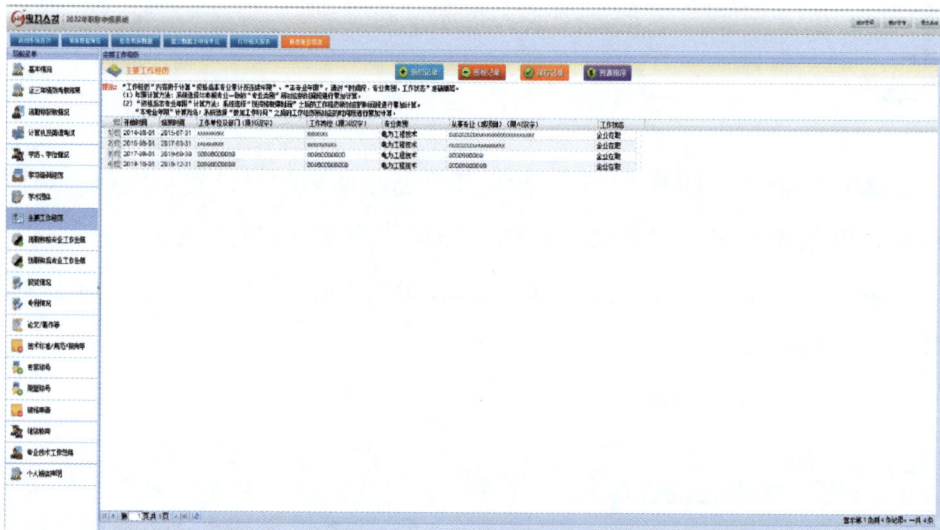

"工作经历"内容用于计算"资格后本专业年限""本专业年限"，请对"时间段、专业类别、工作状态"准确填写。

（1）年限计算方法：系统选择与申报专业一致的"专业类别"所对应的时间段进行累加计算。

（2）"资格后本专业年限"计算方法：系统选择"现资格取得时间"之后的工作经历所对应的时间段进行累加计算。

6. 现职称后专业工作业绩

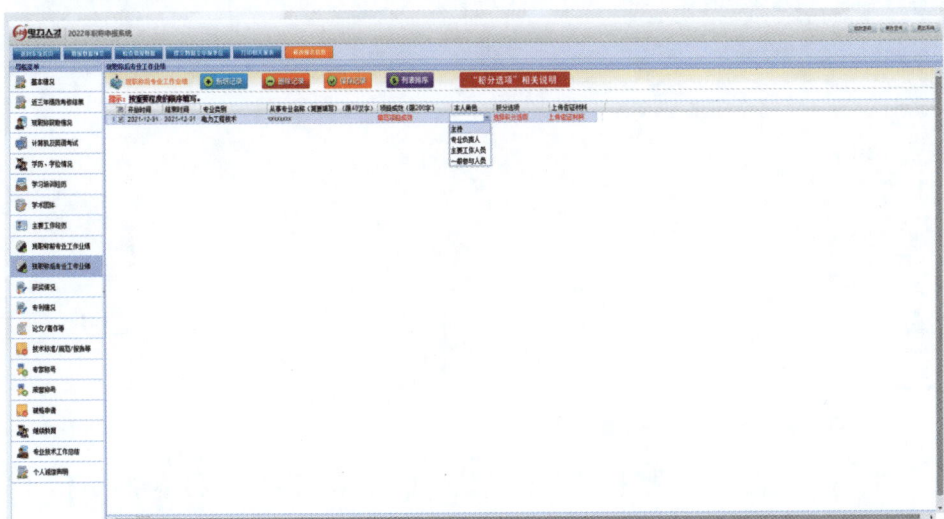

▲取得现职称之后的业绩。注意积分选项要均匀分布（尽可能涉及多个积分序号）。从事专业名称：从申报的分支专业角度填报。

▲项目成就：总结归纳，控制在 100 字左右。具体填写内容可根据积分选项要求归纳。角色＋项目内容＋本人作用＋结论。从创新性、影响力、经济效益、收益成果角度写结论。

佐证上传要求：专业部门盖章的证明页面及证明材料。

业绩成果的"主要贡献者（主要完成人）"，需是排名靠前的第一、二完成人及主要完成（参加）者。若排名靠后，但确系主要完成（参加）者，需提供本人所在单位主管部门出具的正式文件。该文件，需后附第一、二完成人分别亲自撰写并签名的"证明书"。文件及"证明书"需表明在该项目中被证明人承担任务的内容、重要程度及排名位次和排名靠后的原因，以及其他获奖人员名单（如获奖人数超过 15 人，可仅列出前 15 人名单并注明获奖总人数）。

7. 专利情况

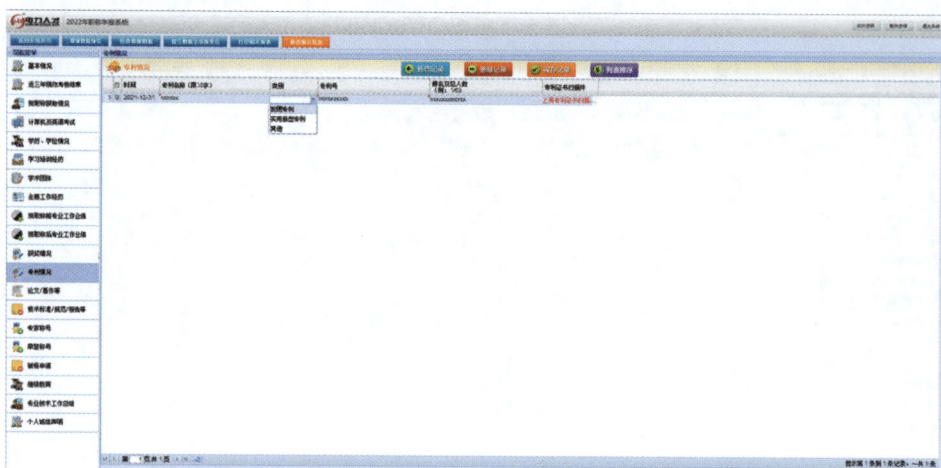

注：（1）仅限于已授权且在有效期内的专利，海外专利不予认可。需提供专利授权证书。

（2）提供专利获奖证书或成果转化合同或转化效益证明。

8. 论文/著作等

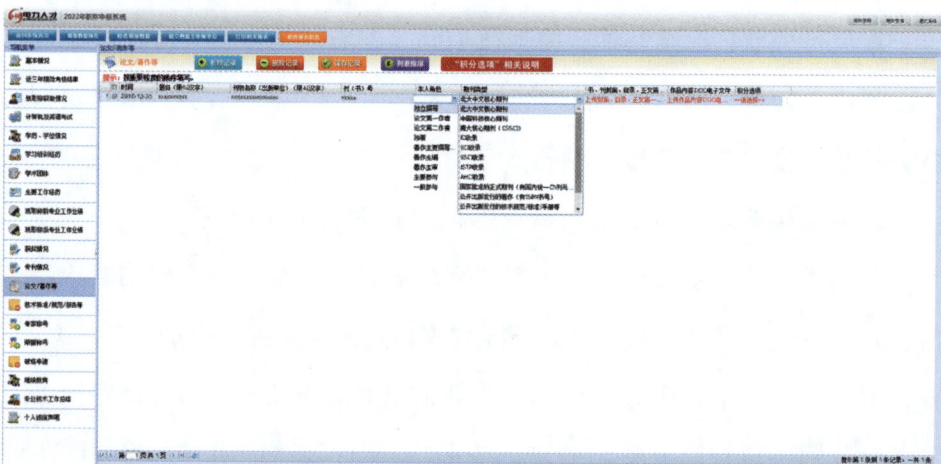

▲填写取得高级讲师（高级实习指导教师）职称后的作品成果（填写符合的三条作品成果之一即可）。

注：严厉打击论文代写代发、虚假刊发等违纪违规行为，对于抄袭、

剽窃、不当署名等学术不端行为，按照有关规定处理，撤销取得的职称，并记入职称申报评审诚信档案库。申报者提交的论文和技术报告等作品应为取得现职称后撰写且与申报专业相关，内容不相关的作品属无效作品。

其中：

论文或著作必须是正式发表或出版，录用通知不予认可。申报时需提供书、刊的封面、目录（交流或评选的证书）和本人撰写的内容，不必将整本书、刊一同提交，**其中，论文佐证材料还需提供权威网站查询的收录情况截图。内容包括：**

（1）国家科技图书文献中心、中国知网、万方数据知识服务平台检索的同期期刊封面。

（2）上述网站检索的同名期刊基本信息截图。

（3）上述网站检索的同期期刊内本篇文章收录截图。

注：以下为常见的假期刊名称：《科学与生活》（汉语版）、《电力设备》（2008 年已停刊）、《中国电业》（杂志名称只有"中国电业"四个字）、《中国电业 – 发电》《中国电业技术》《当代电力文化》（旬刊、半月刊）。

*"核心期刊"以北京大学的"北大中文核心期刊"、南京大学的"南大核心期刊（CSSCI）"、中国科学技术信息研究所的"中国科技核心期刊"、中国人文社会科学学报学会的"中国人文社科学报核心期刊"、中国社会科学评价中心的"中国人文社会科学期刊评价报告"、中科院文献情报中心的"中国科学引文数据库（CSCD）来源期刊列表"目录为准。*职称申报系统已增加核心期刊查询按键。

SCI 收录或 EI 收录的文章需提供有大学图书馆或教育部科技查新工作站盖章的收录证明，且注明查新工作人员姓名和电话。核心期刊目录每隔几年会根据期刊的质量和权威性进行动态调整，审核人员应审核该期刊刊发当年是否在核心期刊目录总览中。

"有正式刊号的普通期刊"审查以封面或版权页上有 ISSN 和 CN 的组合字样出现为准。可在国家新闻出版署或中国知网、万方数据等期刊数据登录网站查到。

"省（市、区）批准的内部准印期刊" 审查以封面或版权页上有"X 内资准字"出现为准（如：《电力人力资源》，为"京内资准字9908-L0825"）。

"学术会议上发表" 必须要有学术会议主办部门的证明页。

"著作" 审查以有正规的出版社为准。佐证材料要求著作封面、版权页、编委页、目录页、正文节选、出版单位出具的字数证明。

注：论文、著作、技术报告等审查要求：

（1）论文类提供：期刊（公开出版的会议论文集）封面、版权页、目录页、论文正文、SCI（EI）检索证明以及**权威网站查询的收录情况截图**。

（2）著作类提供：封面、版权页、编委页（本人角色页）、目录页、正文节选。

（3）教材或技术手册类提供：封面、版权页、编委页（本人角色页）、目录页、正文节选。

9. 破格申请

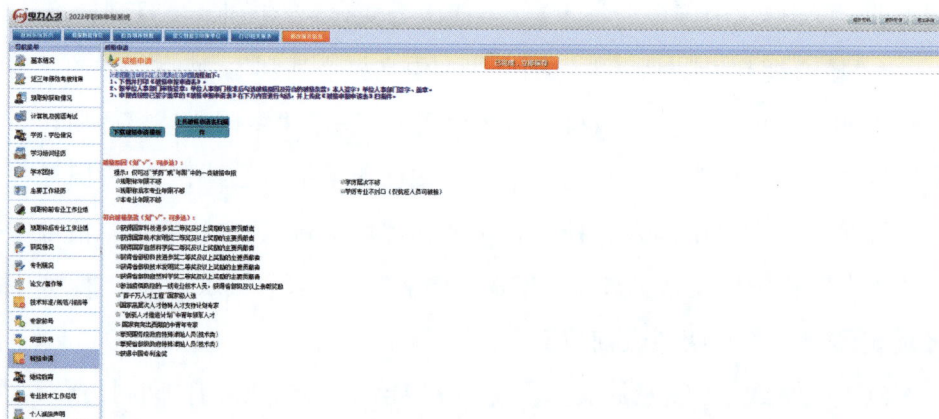

单位需提供申报人员疫情防控一线工作情况相关证明（包括工作具体内容及成效，仅2020年、2021年、2022年有效），并报省公司级单位人事部门审核、盖章。申报人员将签字盖章的"证明"扫描后在申报系统中上传，纸质版原件作为申报材料提交。

疫情防控一线专业技术人员获得省部级及以上表彰奖励（仅 2020 年、2021 年、2022 年有效），可破格申报高一级别的职称。申报人员在"获奖情况"栏目中对相应奖励进行填报，并提供《破格申请申报表》，需按照"破格申报人员"流程完成相关工作。

10. 继续教育

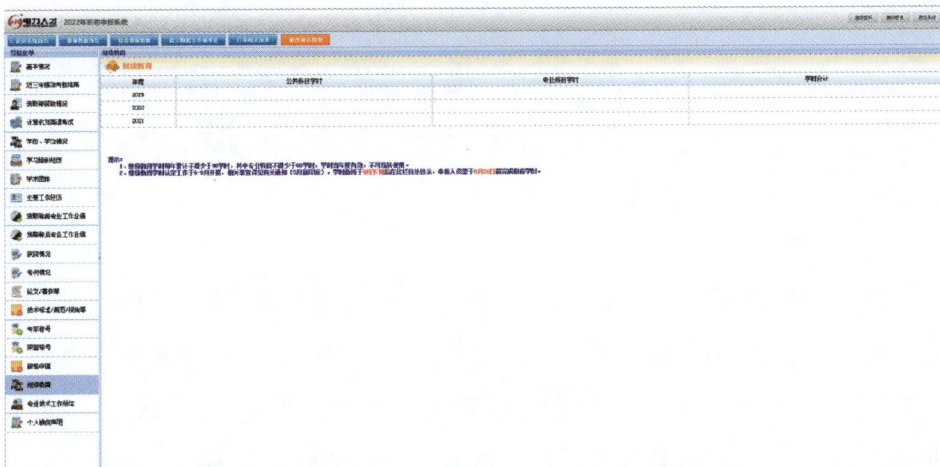

11. 专业技术工作总结

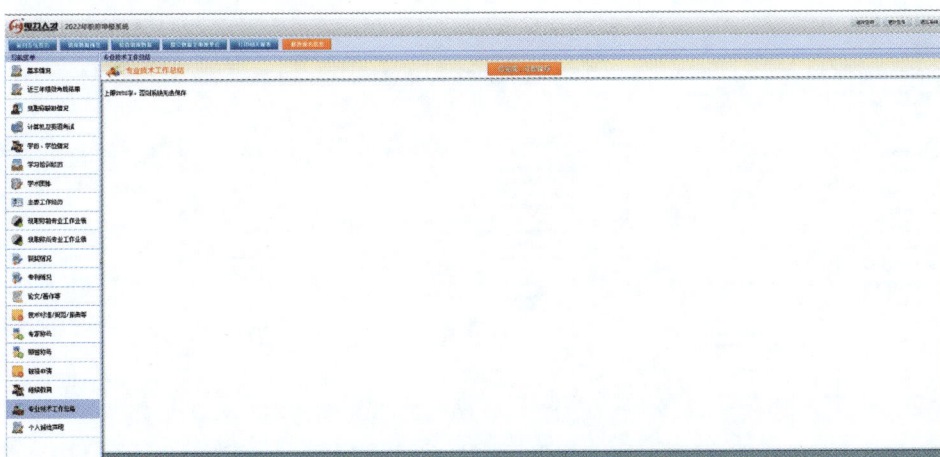

注：指取得现专业技术资格后的个人工作总结，系统字数上限 2000 字。

12. 个人诚信声明

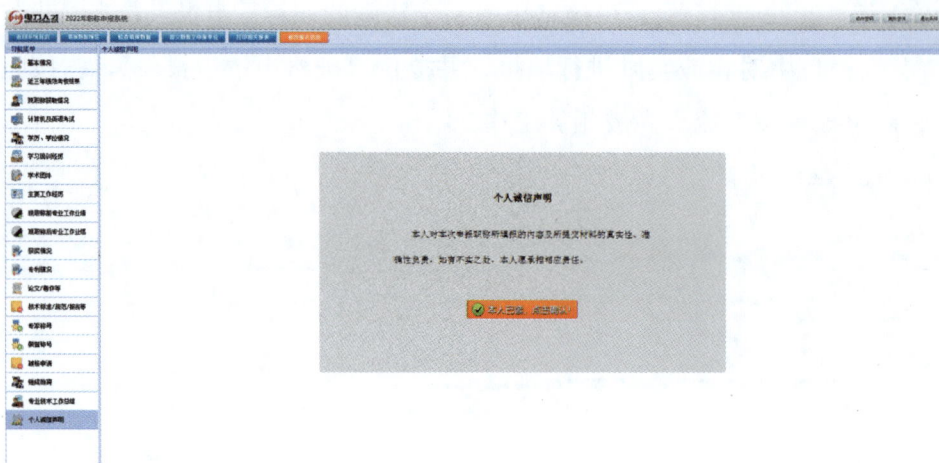

注：申报者需提交"个人诚信声明"，对填报内容及提交材料真实性、准确性负责，如有不实之处，本人需承担相应责任。实行学术造假"一票否决制"，对申报人员弄虚作假等违规违纪行为严肃处理，撤销其取得的职称，原则上 3 年不得申报，情节严重的，追究相关责任。

（四）检查及提交数据

检查填报数据，确认所有信息无误后再提交。